Federico Bini – Umberto Buttafava

TUTIFRUTI

-

*AMERICA
CASSETTE DELLA FRUTTA
E POP ART*

mycollection

Questo libro parla di storia, di arte, di economia e di minuzie (come riscaldare gli aranceti o sfruttare un fiume molto pigro) e lo fa attraverso le etichette della frutta. Le quali, a dispetto della banalità oggettiva della loro funzione (per tutto il primo Novecento, negli Stati Uniti, incollate sulle cassette di legno ricordavano il nome del produttore e il tipo di merce trasportata) possono essere abili affabulatrici. E allora lungo le pagine di questo volume ci viene incontro un mondo inatteso: primatisti mondiali nella sbucciatura dei pompelmi, emigrati siciliani che diventano miliardari in dollari, monaci custodi di segreti agricoli, pionieri delle coltivazioni in California, perfino personaggi finiti nei file dell'FBI che indagava su un omicidio famoso. Sono le storie di un'America che non c'è più (ne parla più avanti John Clergyman, scrittore sempre in caccia di mondi perduti) ma che resteranno per sempre nel DNA di una nazione.

C'è poi un messaggio sottotraccia. Molte *crate labels* risalgono agli anni a ridosso di uno dei momenti più drammatici della storia americana, la Grande Depressione che colpì dal 1929 per quasi un decennio. Il messaggio è che nonostante tutto, nonostante i contraccolpi finanziari, la natura non intende per nessun motivo fermare il suo corso e non c'è crisi economica che tenga. Così queste etichette un po' naif e un po' autocelebrative sono riuscite a sopravvivere alla Depressione, al New Deal, a un guerra mondiale e a un difficile dopoguerra.

Quanto all'arte, impossibile non scorgere qui i germi di quel fenomeno che molti anni dopo, in contesti urbani e non più rurali, sarebbe passato con la definizione di "pop art". Attraverso semplici rappresentazioni artistiche le etichette *si ispirano alla realtà* (siano essi agrumeti o casalinghe soddisfatte) *per incidere sulla realtà* (catturare l'attenzione dei compratori). Cosa c'è di più "popular", di più "pop"?

Starà al lettore, sfogliando le pagine, trovare gli echi della storia americana del Novecento e le tracce di un movimento destinato a rivoluzionare l'arte figurativa nella seconda metà del secolo. Ecco perché l'invito è quello di guardare alle etichette come a tante singolari guide, che ci prendono per mano in questa avventura.

*"Once you thought Pop,
you could never see America the same way again."**
(Andy Warhol)

Federico Bini
Umberto Buttafava

* Quando hai pensato Pop, non potrai più vedere l'America allo stesso modo

UN RACCONTO DELL'AMERICA B

John Clergyman

Questa storia comincia dalla fine. E da una farfalla, che secondo la teoria del caos battendo le ali a Pechino provoca una tempesta a New York. Qui le cose andarono diversamente, ma gli effetti credetemi, non furono da meno. Qualcuno forse in California, forse in Florida o forse come al solito in un anonimo ufficio di un grattacielo della Grande Mela decise che era tempo di cambiare il modo di trasportare la frutta su e giù per l'Unione. Basta cassette di legno pesanti, costose e piene di maledetti chiodi che possono farti molto male. Insomma, una farfalla chissà dove con un battito d'ali decise che era tempo di passare alle confezioni di cartone pressato, leggere, economiche e soprattutto senza neppure un chiodo. Ne seguì una tempesta.

Finiva un'epoca. E un'epica. Con le cassette di legno se ne andavano le etichette colorate che vi venivano incollate per mostrare il nome dei produttori e i prodotti che contenevano. Etichette che con i loro disegni avevano aperto, sicuramente senza neppure immaginarlo, la strada alla *pop art* ben prima dei barattoli della Campbell Tomato Soup. Con lo scopo di catturare l'occhio dell'acquirente, le immagini erano "pubblicità creativa" dove l'oggetto-frutta conviveva con disegni di campi coltivati, di miti della frontiera, di animali e di gente felice. Erano il realismo romantico di Rockwell.

So che i critici alzeranno il sopracciglio, figurarsi. Arte quella? Improbabili paesaggi tropicali trapiantati in California o in Florida? False scene idilliache di agrumeti o di vigne a tinte pastello? E poi fotogrammi dell'epopea del West, con *trek* traballanti e pistoleri. Bambini sorridenti che giocano. Massaie che ti guardano negli occhi e chissà che hanno in mente. Tramonti sulle lagune. Fauna delle paludi e tanto, tanto altro ancora.

La verità è che una nazione intera, l'America B povera, rurale e un po' naif, fatta di duro lavoro e di inventiva, si rispecchiava pienamente in quelle figure. E così quando tra gli anni Cinquanta e l'inizio dei Sessanta, con il passaggio alle confezioni di cartone, milioni di etichette inutilizzate finirono al macero, se ne andò un mondo. O la rappresentazione di un mondo, che è lo stesso. Il Paese aveva perso un altro pezzo della sua innocenza.

Per fortuna qualcuna di quelle etichette si salvò. Come *revenant*, a poco a poco cominciarono a riaffiorare, sul finire degli anni Sessanta, dai retrobottega dei negozi dove i commercianti le avevano pazientemente raccolte quasi fossero francobolli rari, dai magazzini abbandonati delle ditte di spedizioni ormai fallite, dai depositi ferroviari, dalle cantine e dai solai. Si mosse allora il "popolo delle Buick": arrivavano alla spicciolata nella San Joaquim Valley o a Apopka e rientravano con le automobili cariche di vecchie etichette che avrebbero alimentato negli anni un esercito di appassionati collezionisti in tutto il mondo.

Ora io non so se esiste da qualche parte uno Spoon River dei vecchi frutteti. Sinceramente ne dubito. Ma mi piace pensare che racconterebbero volentieri le loro storie: "Vi abbiamo dato conforto con i nostri prodotti, l'uva e i limoni della California, le arance rosse della Florida, le fragole dell'Indiana, le pesche della Pennsylvania, le pere di Washington. E vi abbiamo portato, con quelle etichette, nelle nostre comunità di lavoro e di fatica, di sogni e di colori. Quelle etichette sono state il nostro epos." *God bless America.*

IL MEDICO MANCATO

Un'etichetta dei primi anni Trenta del Novecento, in perfetto stile pop con l'immagine idealizzata di un frutteto illuminato dal sole al tramonto in un'oasi naturalistica perfetta: le palme, il fiume, gli animali. "Shine" è il *brand* scelto dalla West Robinson Fruit Co., ma qui la storia più interessante è quella che sta dietro al nome dello stampatore: la Schmidt Lithograph Company.

Max Schmidt fu uno dei tanti pionieri arrivati in California attorno al 1870. Secondo il volere della famiglia, di origine tedesca, doveva diventare un medico, ma la passione per la stampa, per l'"odore dell'inchiostro", lo portò verso altre strade. A San Francisco la sua tipolitografia divenne presto famosa, i fratelli lo raggiunsero per rafforzare l'impresa e negli anni la Schmidt sarebbe diventata una delle principali creatrici di etichette per la frutta e per le lattine. Il nome avrebbe girato per il mondo, come ricorda il City Museum, "sulle navi per i sette mari, sui treni e sui camion, sulle carovane di cammelli nel deserto, fino alle slitte trainate da cani nel Grande Nord". La torre dell'orologio della Schmidt Litography, tra la Seconda e Bryant, è ancora uno dei punti più visitati di San Francisco.

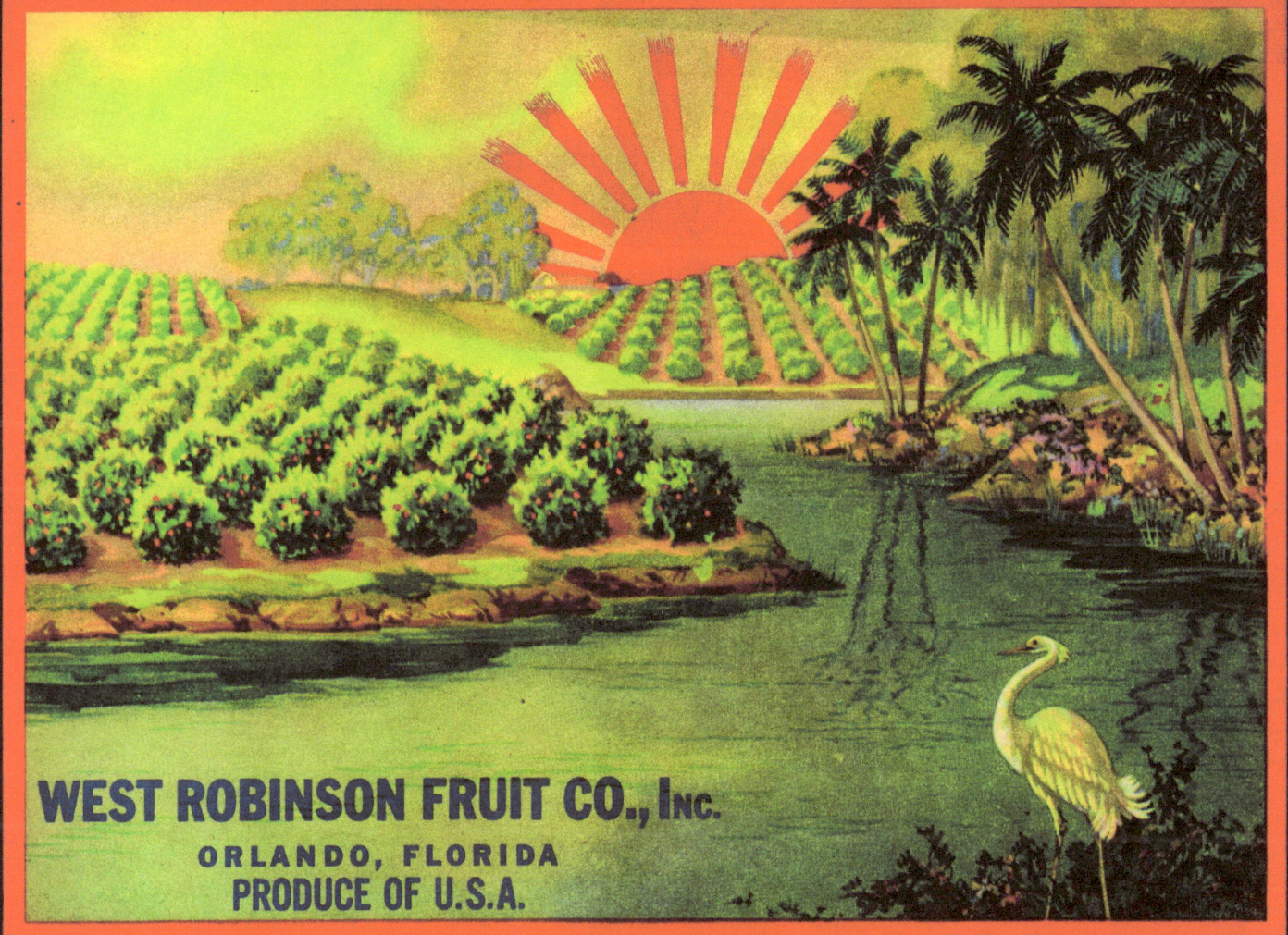

UN'ANTICA AZIENDA DI FAMIGLIA

Un assoluto "classico" con tutte le componenti tradizionali: il paesaggio, il prodotto, il produttore, il luogo. L'etichetta è stata realizzata per la Crosby di San Mateo in Florida dalla Brandau-Craig-Dickerson Co. una delle più famose tipografie di Nashville, capitale dell'editoria e della stampa negli stati del Sud. L'immagine gioca su quattro colori (il giallo, il verde, l'arancio e l'azzurro) che sono ripresi nella nuvola centrale. La scena è statica e intende trasmettere anche attraverso la tonalità dei colori un senso di pace, di affidabilità e di abbondanza.

Fin dalla seconda metà dell'Ottocento un gruppo di pionieri decise di coltivare ad agrumi grandi estensioni di terreno a sud del fiume Saint Johns, in Florida, sfruttando la via d'acqua per il trasporto, in attesa di collegarsi con la ferrovia. Tra i primi produttori, un posto di rilievo era occupato dai Crosby, che per decenni hanno gestito l'azienda di famiglia, creata nel 1873 (a Ovest siamo nel pieno delle guerre indiane: tre anni dopo Custer sarà sconfitto a Little Big Horn).

SUNSET HILL
BRAND
ST. JOHNS RIVER
CITRUS FRUIT

RALPH CROSBY
SAN MATEO, FLORIDA

IL VECCHIO FIUME PIGRO

Le arance del tutto simili al sole dell'alba (il cielo è ancora scuro), la quiete di un'insenatura con tante palme e un mare calmo. L'Oro dei Tropici, appunto, come il *brand* qui pubblicizzato. Questo disegno sarebbe stato realizzato nel 1935 da tale W.H. McBride, ma l'attribuzione non è certa. Delle decine di etichette prodotte fino agli anni Cinquanta è facile risalire agli stampatori, ma molto raramente si conoscono gli autori.

Tropic Gold si inserisce nel filone esotico tanto caro ai produttori della Florida, qui consorziati nella Saint Johns River Fruit. Il fiume Saint Johns merita un po' di attenzione, perché è ritenuto un "old lazy", un vecchio pigro e lento (la differenza di livello dalla sorgente alla foce è meno di dieci metri) e soprattutto perché scorre per ben 500 chilometri... da sud a nord, in senso contrario rispetto a quasi tutti i grandi corsi d'acqua americani (ad esempio il Mississippi e il Colorado).

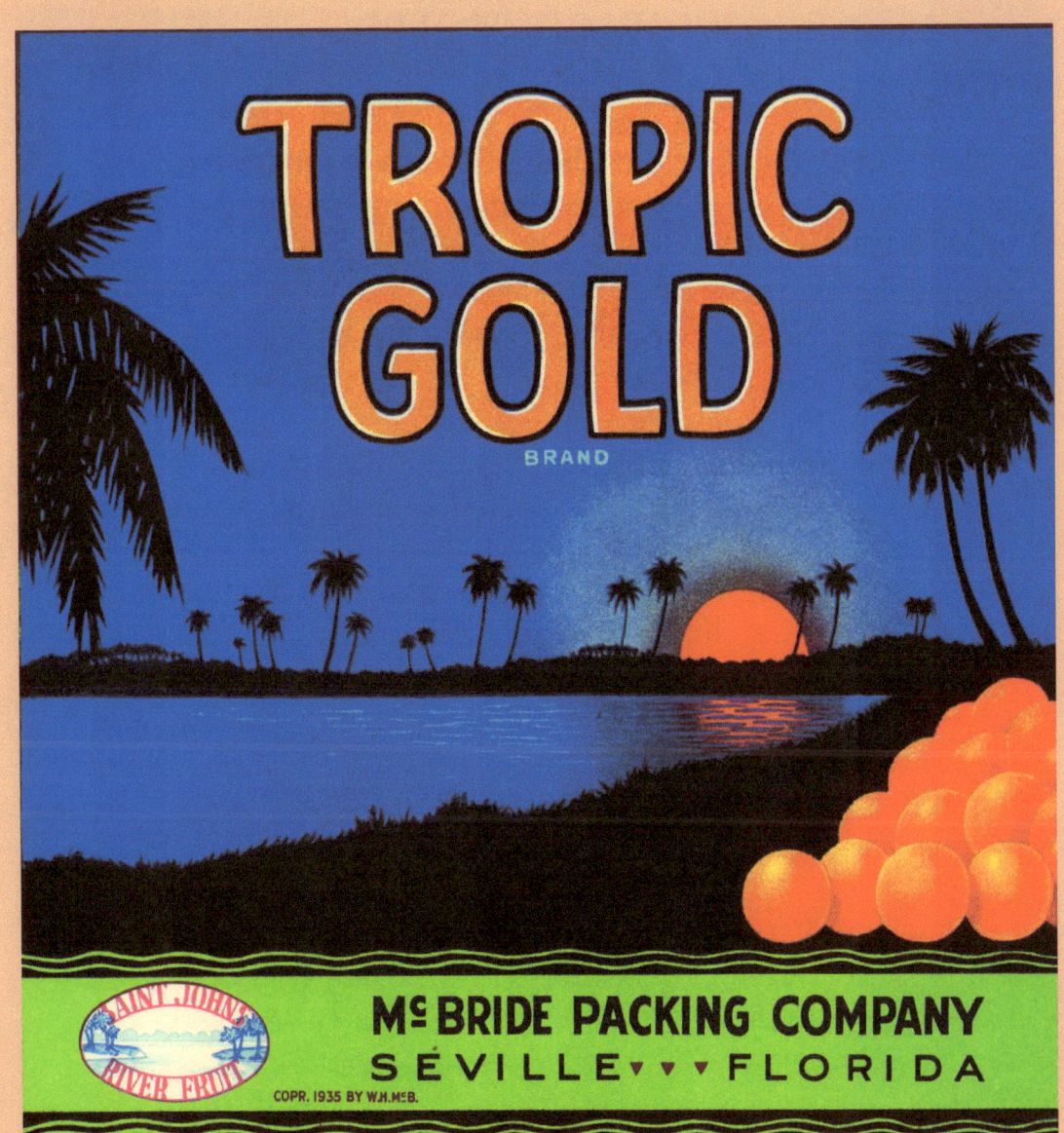

STORIA DI "DOLPH"

Negli anni Trenta del Novecento l'area di Winter Garden in Florida era fra le più importanti degli Stati Uniti per la coltivazione degli agrumi, in aperta concorrenza con la lontana California. L'abbondanza dei raccolti era tale che si potevano facilmente trovare lungo le strade banchetti che offrivano spremuta d'arancia fresca per pochi centesimi.

A Winter Garden nacque verso la fine dell'Ottocento R.D. "Dolph" Keene, il quale ricevette dal padre, ancora ragazzino, un prezioso consiglio: "Fai il meglio e avrai il meglio che il meglio potrà darti". A soli 10 anni Dolph iniziò a lavorare nel frutteto di famiglia chiamato Kissimmee (il nome nasconde chissà quali storie). Un paio di esperienze con altri produttori e poi a 37 anni il grande salto: un frutteto personale e l'apertura di un impianto di stoccaggio e spedizioni. Più tardi, coronando quel consiglio dato dal padre anni prima, Keene diventerà presidente della potente Winter Garden Citrus Products Cooperative.

L'etichetta Carillon, risalente agli anni Trenta, appartiene alla categoria "brand first". Il prodotto non è mostrato ma solo citato (pompelmi e arance) e si punta piuttosto su un marchio evidentemente conosciuto e apprezzato. La campanella che sta suonando è un richiamo per il compratore.

CARILLON BRAND

Florida GRAPEFRUIT and ORANGES

R. D. KEENE, INC.
WINTER GARDEN, FLA.

UN FIGLIO DI IMMIGRATI

Un uccellino (un *Charadrius vociferus* o Corriere americano) cerca del cibo in una palude. Sopra, l'inquadratura allarga sull'intero paesaggio: la natura lussureggiante e placida della Florida. Anche se non è specificato (ma lo sarà in altre simili) questa etichetta risalente agli anni Quaranta è destinata a una cassetta di agrumi.

Dietro la semplice immagine dell'uccellino c'è una tipica storia americana di successo. Le vicende della azienda Keene raccontate nelle pagine precedenti si intrecciano infatti con quelle di Sylvester Caruso Battaglia, "Batt" per gli amici, figlio di immigrati italiani nato nello Stato di New York e classico *self-made man*. Nel 1948, dopo una lunga gavetta nel commercio della frutta, Battaglia si mette in proprio e acquisisce a Winter Garden, uno dei grandi centri per la coltivazione di arance in Florida, proprio la R.D. Keene. Commercializza i suoi prodotti sotto diversi *brand* (oltre al "Killdee" ci sono etichette della linea "fagiano" e "scricciolo") fino a diventare uno dei primi dieci esportatori di agrumi di tutto lo stato.

La storia prende però ad un certo punto un'altra direzione: dopo le grandi gelate degli anni Ottanta, la Battaglia lascia la frutta per trasformarsi in impresa immobiliare.

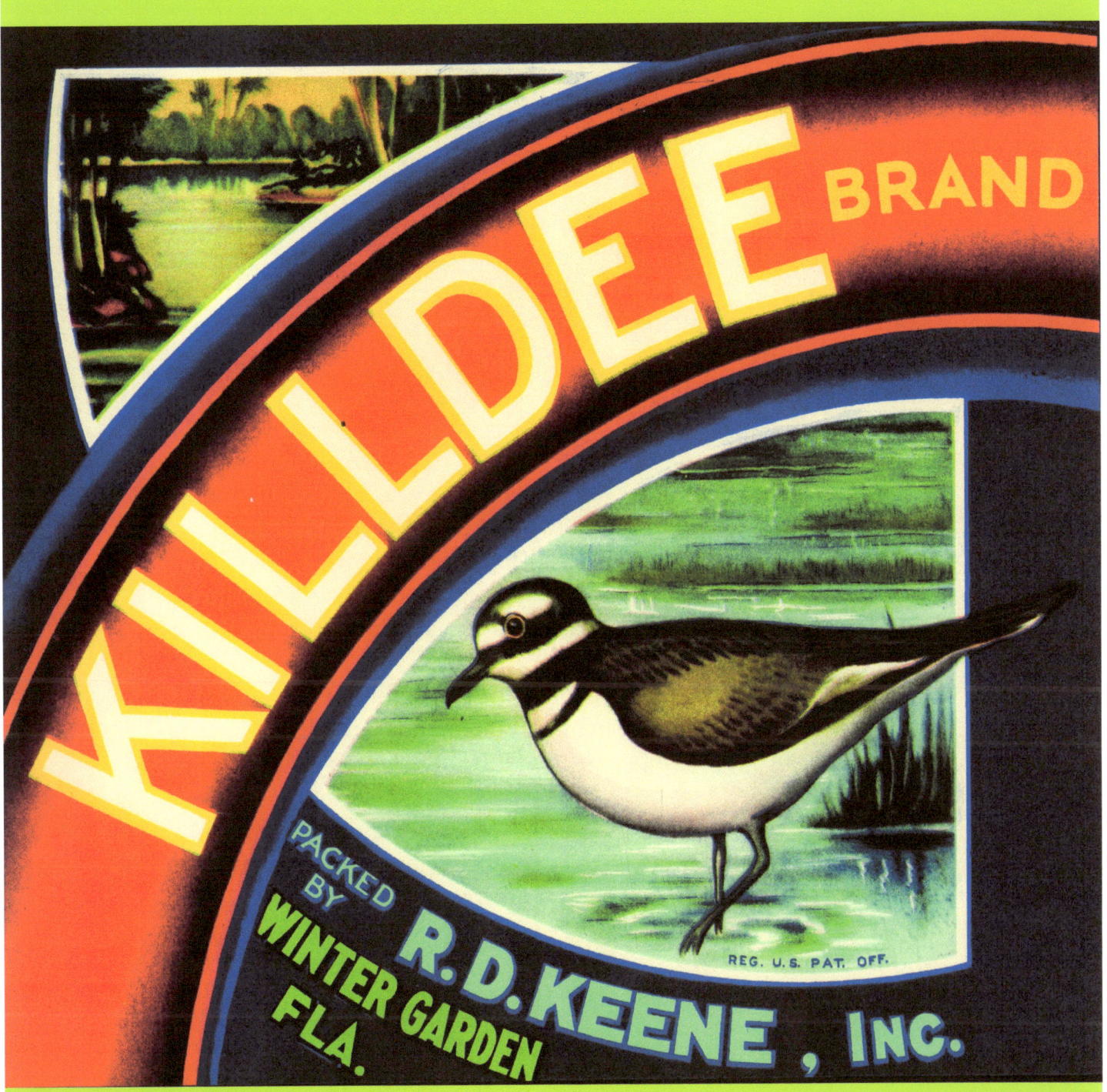

NELLA GRANDE DEPRESSIONE

Niente frutta, niente paesaggi esotici, niente simboli su questa etichetta della Herman J. Heidrich and Sons di Orlando, Florida. Qui tutto l'interesse è nel nome, o meglio in quel "Sons" che racconta di un'impresa familiare passata attraverso le generazioni. Quella degli Heidrich è una storia che sarebbe piaciuta a Faulkner, storia di una disperazione diventata riscatto.

Heidrich padre lasciò la Pennsylvania nel 1932 nel mezzo della Grande Depressione per cercare fortuna più a Sud, nella soleggiata Florida. L'idea era quella di creare un avamposto commerciale e poi chiamare la famiglia a raggiungerlo. Impiegò tre anni, ma alla fine riuscì a realizzare il suo sogno: riunire i suoi e aprire un ufficio spedizioni lungo la ferrovia alla stazione di Tavares.

E' però il figlio Francis, già a 17 anni contabile nell'impresa, a dare impulso all'attività di produzione e commercializzazione di agrumi di cui Marsh, citato in questa etichetta, fu solo uno dei tanti *brand*. Anche se possiedono frutteti, gli Heidrich sono soprattutto distributori, e grazie a sistemi all'avanguardia nella ventilazione e refrigerazione, necessarie per conservare al meglio i raccolti, scalano in fretta la montagna del successo. Cinquant'anni fa gli Heidrich erano fra i primi dieci distributori mondiali di frutta fresca.

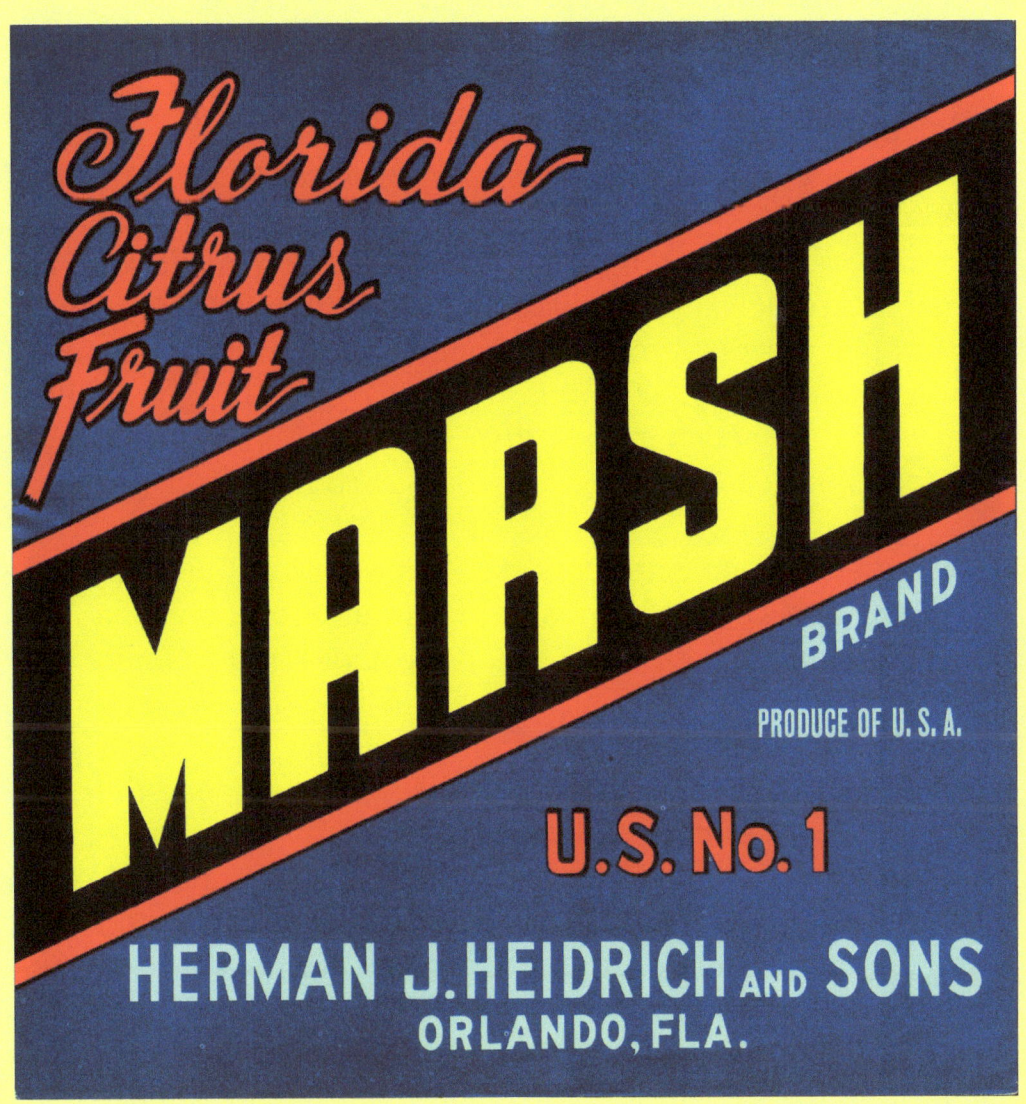

DA CEFALU' ALLA CALIFORNIA

Un'altra storia americana. Osservate la firma in basso a destra. Giuseppe Di Giorgio è uno dei tanti immigrati italiani di fine Ottocento: nato a Cefalù nel 1874, a soli 14 anni arriva negli States e diventa presto un commerciante di frutta. Per qualche anno resta nel mezzo della catena distributiva, ma intende presto allargarsi in due diverse direzioni: diventare grossista e nello stesso tempo produttore. A 40 anni, acquisisce in California la Earl Fruit Company per la grande distribuzione, a 45 compra circa 6000 acri nella San Joaquim valley per la produzione.

Da quel momento è una corsa senza soste. Nel 1920 Giuseppe, ormai per tutti "Joseph", fonda la Di Giorgio Fruit Co, ma la vera svolta avviene quando, pochi anni dopo, trova in profondità sotto i suoi campi una importante vena d'acqua e riesce ad irrigare le sue coltivazioni in totale autonomia. Già nel 1929, alla vigilia della Grande Crisi, la Di Giorgio è fra le prime aziende di frutta degli Stati Uniti. Giuseppe deve però pagare un prezzo per tanta grandezza. Quando ha bisogno di acqua dall'autorità pubblica, si vede opporre un diniego perché la sua azienda è troppo vasta. Dopo la guerra subisce un duro sciopero dei lavoratori. Nonostante le difficoltà, alla sua morte nel 1951 lascia un'impresa florida; sul finire degli anni Settanta la Di Giorgio fattura per oltre 1 miliardo di dollari. Poi tutto si sfalda e nel 2013 la compagnia, che intanto aveva cambiato ragione sociale, dichiara bancarotta.

Di Giorgio resta comunque un nome famoso e rispettato. C'è ancora un paesino (più precisamente una *unincorporated community*) intitolato a lui nella contea di Kern in California. In vita, Joseph aiutò molto la sua comunità. Non dimenticò mai neppure la sua terra di origine e ancora oggi a Cefalù c'è un istituto Di Giorgio e una piazza (largo) dedicata al vecchio emigrante.

SNOW CREST

CONTENTS 4/5 BUSHEL
PRODUCE OF U.S.A.

California

BARTLETTS

BRAND

DiGiorgio FRUIT CORPORATION

MARYSVILLE, CALIFORNIA 95901

SEGNALI DI OTTIMISMO

Negli anni Quaranta del secolo scorso, la Lambert Marketing Company fu una ditta di commercio all'ingrosso di frutta particolarmente attiva nell'area di Sacramento, cioè in quello che viene definito il "cuore della California". Sul mercato dei collezionisti esistono ancora vecchie cassette (intere, non soltanto le etichette) provenienti dai suoi magazzini.

Questa etichetta delle pere californiane, solo apparentemente anonima, è un misto di conservazione e innovazione. Dal punto di vista grafico la simmetria assoluta (frutti e foglie di sinistra sono speculari a quelli di destra), lo sfondo piatto, l'uso dei caratteri e dei colori rimandano alla tradizione grafica di inizio secolo, ma c'è un particolare relativamente nuovo per i tempi. E' il tondino giallo al centro. "Balzi in avanti" è un *claim* che anticipa la pubblicità americana degli anni a venire. Un segno di ottimismo in un paese che sta ancora vivendo la Grande Depressione, un invito a guardare avanti, che sarà il *leitmotiv* dell'industria pubblicitaria negli anni Cinquanta e Sessanta.

CONTENTS 4/5 BU.

CALIFORNIA PEARS

PIONEER SPECIAL PACK

LEAPS AHEAD

PRODUCE OF U.S.A.

PACKED BY
LAMBERT MARKETING CO.
MAIN OFFICE
SACRAMENTO - CALIF.

TERRENI PREGIATI

Goleta, nella contea di santa Barbara in California, può essere definita un piccolo compendio di storia americana. Fino a metà dell'Ottocento qui il bestiame pascolava liberamente e solo verso il 1870 apparvero i recinti di filo spinato e le prime grandi fattorie. Finiva il West selvaggio e a poco a poco, sul finire del secolo, iniziò a costituirsi una comunità con tutti i servizi: la scuola, la chiesa, la banca, l'ufficio postale, i negozi.

Passavano gli anni e i terreni destinati al bestiame lasciavano man mano il posto alle coltivazioni di frutta, soprattutto di agrumi e, nello specifico dell'area di Goleta, di noci. Ma quando verso gli anni Trenta un fungo provocò una improvvisa moria di alberi di noce, gli agricoltori decisero di riconvertire i terreni ai limoni. Fu la loro fortuna: l'America entrò in piena Depressione, con l'economia che subiva durissimi colpi, ma i limoni continuarono ad essere richiesti e a spuntare ottimi prezzi.

In breve i "Goleta" diventarono quello che per noi in Italia sono i "limoni di Sorrento": un marchio di qualità. Negli anni della guerra e del dopoguerra i limoni rappresentarono la fortuna di tutta l'area: la sola Goleta Lemon Association (alla quale apparteneva anche il *brand* San Marco dell'etichetta) disponeva di 2500 acri di limoni.

Una festa destinata però a finire, almeno in parte. Su quei terreni (così ricchi di storia dall'epoca in cui erano pascoli per bestiame) misero gli occhi due potenze. Da un lato i militari, alla ricerca di aree dove sviluppare le infrastrutture della crescente aviazione. Dall'altro l'edilizia che vedeva la possibilità di realizzare enormi profitti.

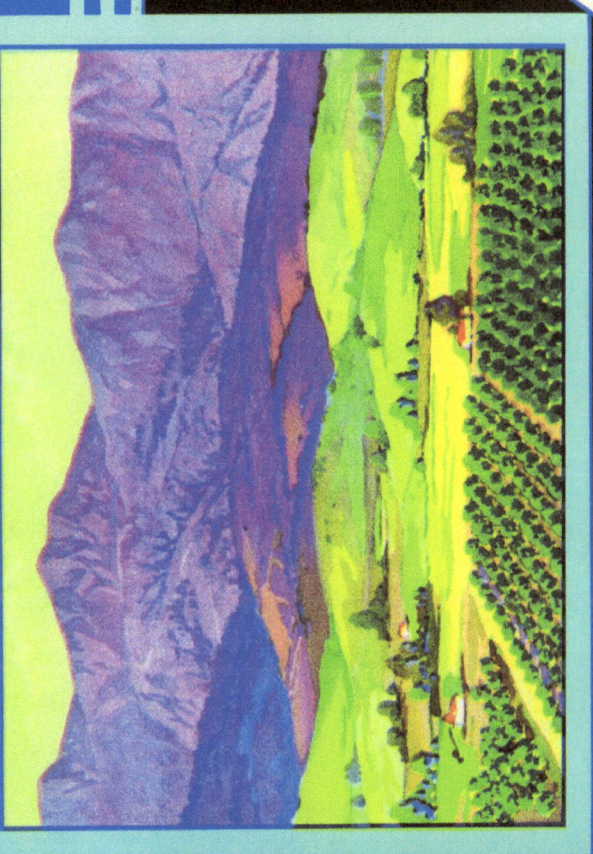
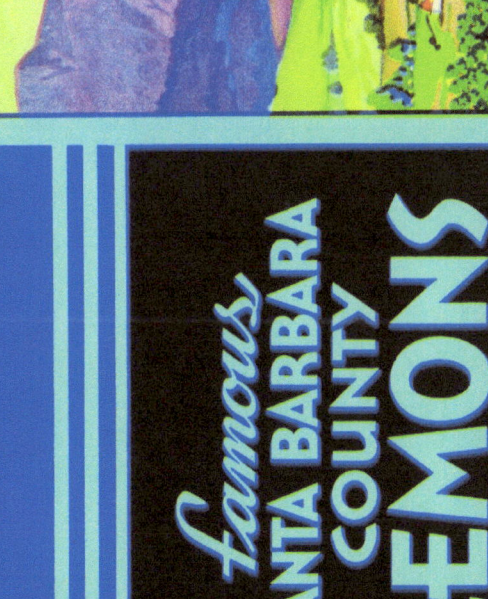

UNA GOLETTA PER FANTASTICARE

Pur riferendosi ai limoni della contea di Santa Barbara, come nell'etichetta precedente, qui l'immagine è assolutamente estranea alla frutta e ha solo contenuti evocativi legati al nome e alla collocazione geografica della zona, che si trova sulle rive del Pacifico. La Goletta che sembra prendere il largo non trasporta certamente frutta (anche se i limoni e la marineria hanno molto a che spartire perché furono proprio i primi a garantire, combattendo lo scorbuto, le grandi navigazioni del Settecento da Cook in poi), ma fa sognare. In più non ci sono le tradizionali palme, costante dei paesaggi sulle etichette.

Di particolare interesse la scritta Sunkist in basso a sinistra. Verso la fine dell'Ottocento i coltivatori di agrumi iniziarono a unirsi in cooperativa, qualcosa di nuovo e di parzialmente estraneo alla mentalità individualistica della frontiera. Lo scopo era quello di condividere i rischi legati ai capricci della metereologia e soprattutto di strappare prezzi migliori sul mercato. Nel 1893 quasi il 45% della produzione californiana di agrumi era in cooperativa.

GOLETA BRAND

famous Santa Barbara County

LEMONS

GOLETA LEMON ASSOCIATION · GOLETA · · CALIFORNIA · GROWN IN U.S.A.

Sunkist

SOGNANDO LA CALIFORNIA

Una delle più famose etichette, risalente agli anni Venti del Novecento, è questa della Western Packing co. (ma usata anche da molte altre aziende), dove viene riproposta l'America libera, selvaggia, indomabile rappresentata da un bellissimo Mustang, il cavallo simbolo della conquista del West. Siamo appunto in California e l'etichetta non è destinata alla frutta, ma genericamente alla verdure che vengono coltivate nelle grandi valli, in particolare quelle di Salinas, Imperial, Coachella e San Joaquim. Grazie al suo clima mite, il grande stato che si affaccia sul Pacifico è in grado di garantire produzioni per tutto l'anno. Fino alla Grande Depressione vaste estensioni erano destinate all'agricoltura, principale industria californiana; il cinema infatti era nella fase iniziale, i militari non erano ancora arrivati, l'informatica neppure esisteva e la speculazione immobiliare pressoché inesistente.

Il cavallo indomabile, realizzato dalla Louis Roesch Co Litho di San Francisco, non sa che il suo mondo libero è destinato a finire molto presto. In molti, troppi, stanno "sognando la California".

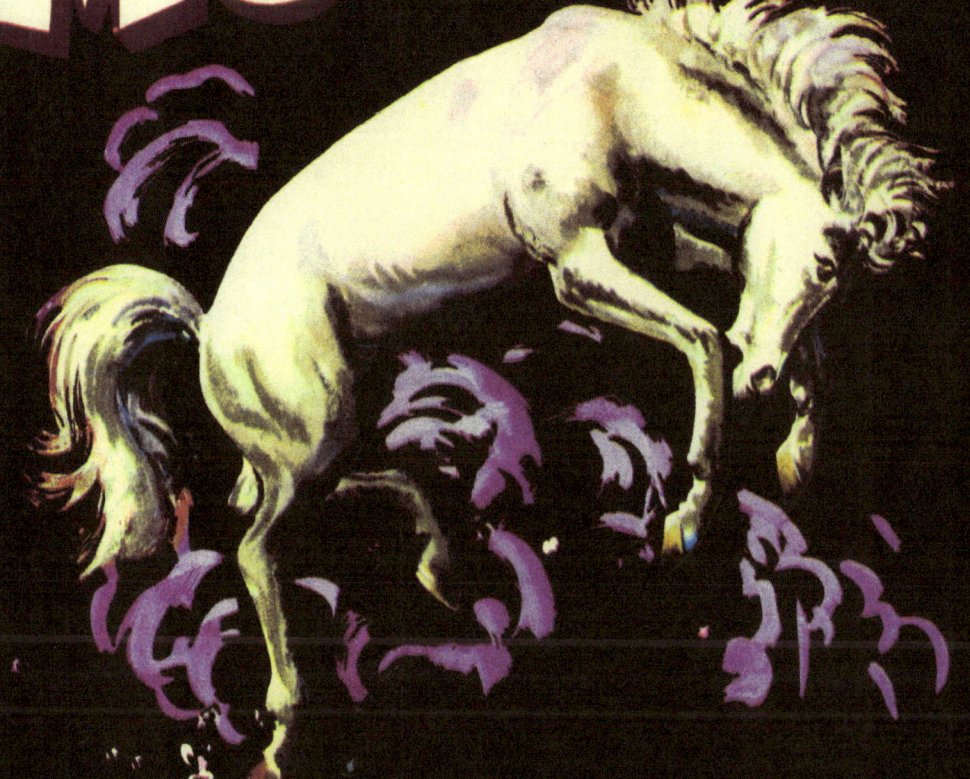

CLIMA E FERROVIA

Per questa etichetta degli anni Quaranta, la Washington Fruit & Produce Co di Yakima (oggi ancora attiva) si affida alla Liberty Bell, icona americana dell'indipendenza. Niente a che fare con la frutta: in questo caso l'immagine corrisponde al nome del *brand*.

La Yakima Valley nello stato di Washington, sulla costa pacifica nord, è una regione a forte vocazione agricola per la produzione delle mele e del vino. Considerata la latitudine può essere assimilata al nostro Trentino Alto Adige, pur non godendo degli influssi temperati della Corrente del Golfo (che si fa sentire anche nel nord Italia). Soprattutto è patria del luppolo: da qui viene il 78% di tutta la produzione americana.

Il successo della Washington Fruit & Produce Co e degli altri produttori di Yakima derivò dalla combinazione di una terra fortunata dal punto di vista climatico e dell'arrivo, sul finire del diciannovesimo secolo, della ferrovia. Quando la Northern Pacific Railroad aprì un grande deposito proprio a Yakima, dette il via a un'industria fiorente. Contrariamente a quanto accaduto più a sud in California, l'area non è stata minacciata dalla speculazione edilizia e può continuare tranquillamente ancora oggi a seguire la sua vocazione agricola.

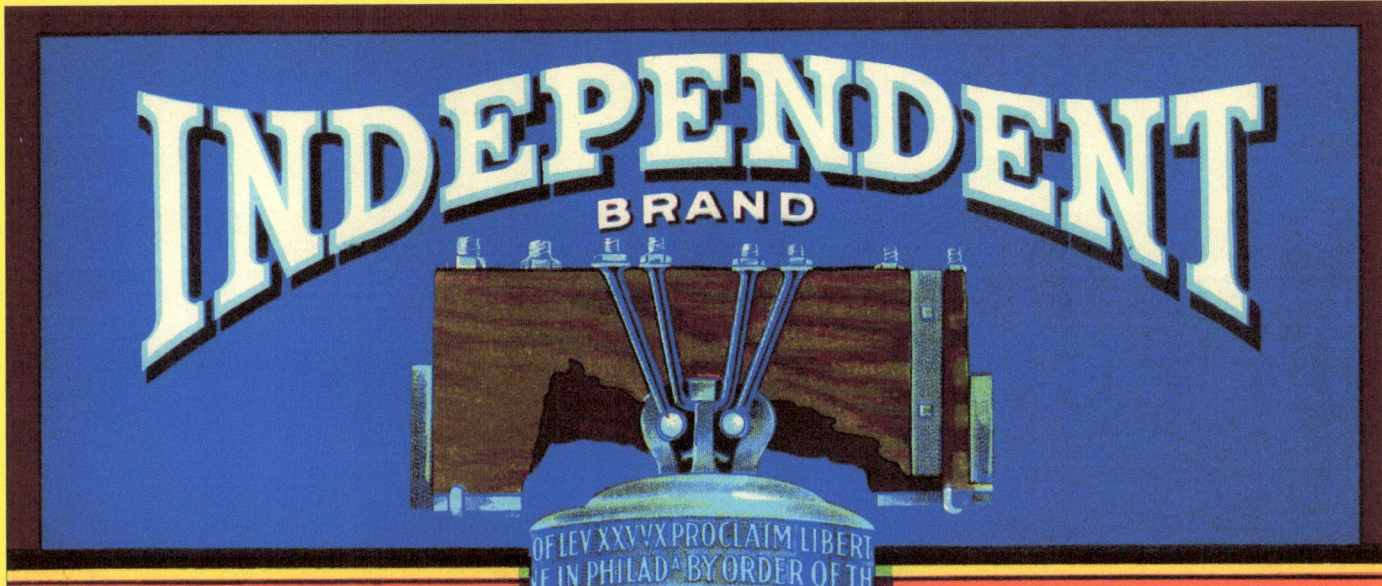

IL VESTITO DELL'ARCOBALENO

Il 99% delle etichette di frutta, quando mostrano paesaggi, li accoppiano al sole e al caldo, cioè alle condizioni ideali per ottenere i migliori prodotti. Qui accade il contrario: c'è un panorama gelido con un fiume semighiacciato. Eppure l'impressione è quella di una bellissima giornata, come ce ne sono tante nello Stato di Washington, sul Pacifico. Qual è allora il messaggio? Semplice: che siamo in America, la terra dove tutto è possibile grazie alla fatica e al lavoro e allora ottime pere possono arrivare anche dal freddo.

Wenatchee dove aveva sede la Cascadian Fruit Shippers Inc. si autodefinisce la "capitale mondiale delle mele" (qui sono pere ma la sostanza non cambia, trattandosi comunque di una esagerazione) grazie anche a un clima fortunato per la sua posizione in una vallata protetta alla confluenza di due fiumi. Più di tutto però vale la pena segnalare l'origine del nome: nella lingua degli indiani che un tempo qui abitavano Wenatchee significa "il vestito dell'arcobaleno".

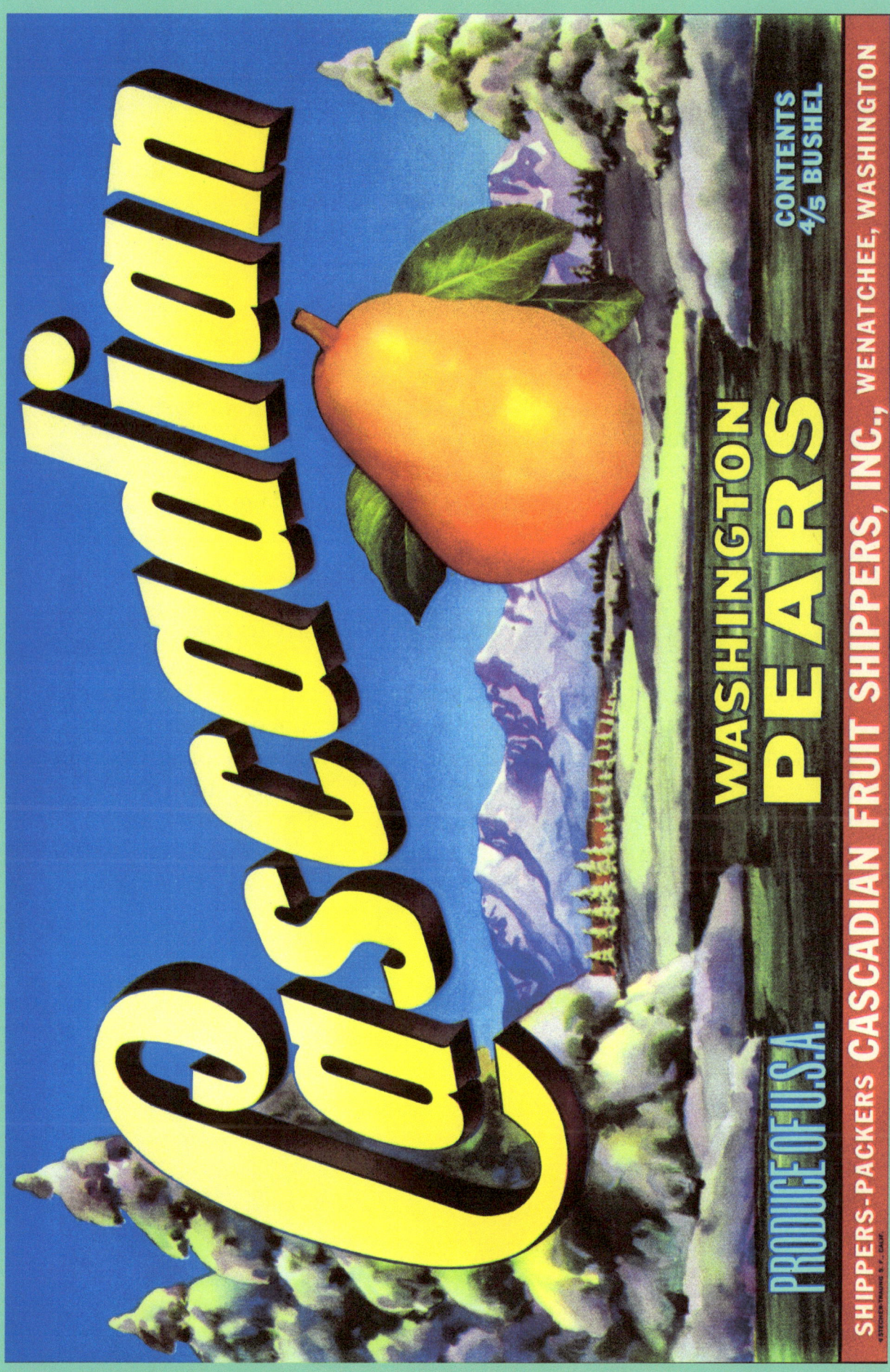

RICORDO DELLA FRONTIERA

Costituita nell'estate del 1950, la Pioneer Growers, oggi azienda di grande successo che opera in Florida e in California, ha usato le etichette per pochi anni, perché presto sarebbero arrivati sul mercato i cartoni prestampati. Per qualche tempo comunque ha proposto grafiche che richiamano la grande epopea americana della corsa all'Ovest. Oltre alla Pioneer esiste anche un'etichetta simile, con il marchio Frontier.

Nessun richiamo al prodotto in vendita (più che nella frutta, la Pioneer era specializzata agli inizi nelle verdure a foglia verde), ma un disegno della classica iconografia americana della frontiera: il cowboy, il cavallo, il *trek* trainato dai buoi e la ragazza alle redini. Grande importanza è data alla scritta in diagonale, in linea con il gusto grafico del tempo: scritte di questo tipo, a forte impatto, si trovano nelle prime serie TV e in molti manifesti dei film gialli degli anni Cinquanta.

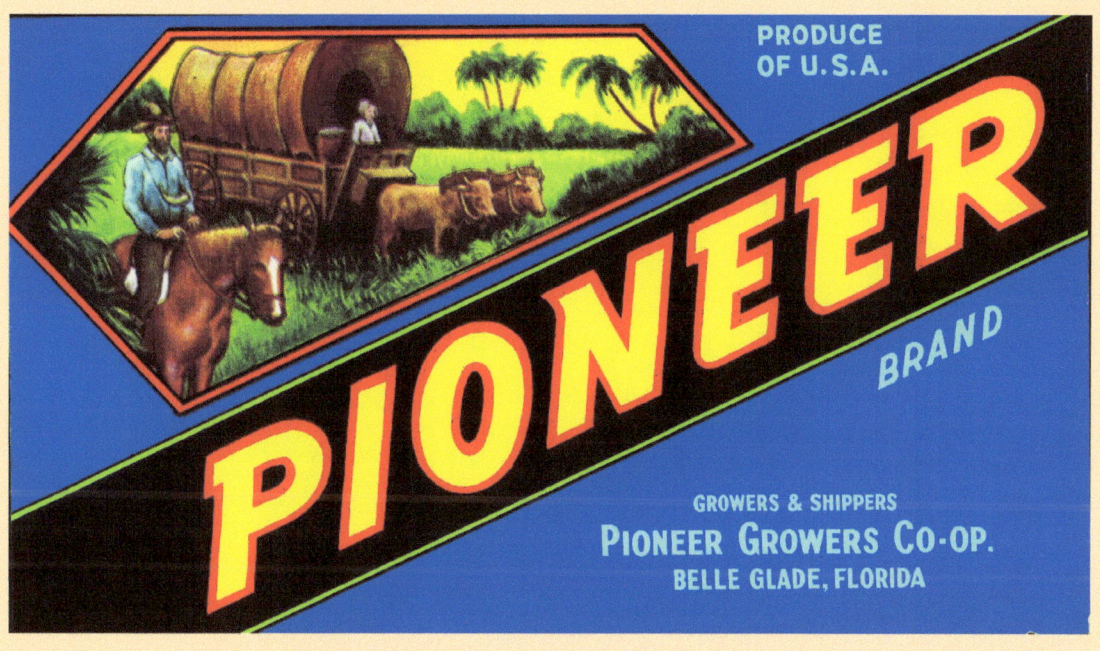

FRUTTA E FBI

Pieno esotismo in questa immagine di una lussureggiante isola tropicale, scelta dalla J.C. Valenti & Co sul finire degli anni Quaranta. Non è esattamente il paesaggio della Florida, anche perché quello raffigurato assomiglia più a un isolotto del Pacifico, ma l'importante è richiamare in modo molto efficace il *brand*.

Come per altre etichette, non è chiaro a quale frutto si riferisca e questa genericità ha una spiegazione. Per chi commercializzava prodotti diversi era antieconomico far stampare etichette differenti per ciascuna varietà di frutta. Importante piuttosto era evidenziare il marchio e, in subordine, il nome della ditta.

Una nota a margine riguarda J.C. Valenti, il proprietario dell'azienda. Il suo nome compare in un file dell'FBI desecretato da poco e relativo alle primissime indagini dopo l'uccisione di John Kennedy nel 1963. Sotto la lente dei federali era finito il potente boss della mafia di Miami Santo Trafficante. J.C. Valenti venne ascoltato (senza seguito di inchiesta) in quanto tra i suoi clienti c'era Antonio Diecidue, uno dei tirapiedi di Trafficante. (Il file in questione porta il *Record Number* 124-10201-10274 e l' *Agency File Number* 92-2781-553)

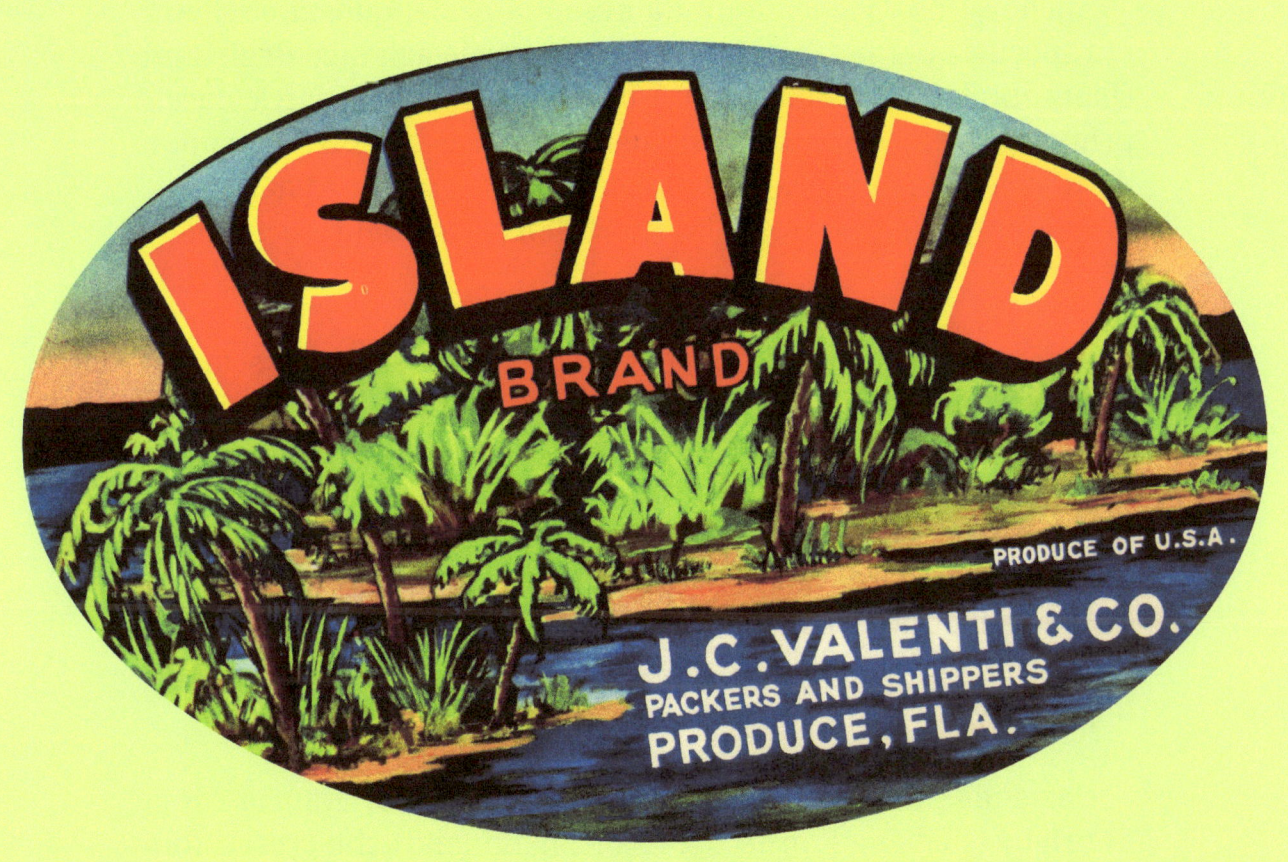

DONNA SI', MA CASALINGA

Anche se non viene citato da nessuna parte, questa etichetta era specifica per le cassette di agrumi e risale agli inizi degli anni Quaranta. Fino ad allora figure umane statiche, in particolare i primi piani, erano scarsamente usate nei disegni, con l'eccezione di qualche bambino. La preferenza era sempre per i paesaggi o, in alternativa, per le classiche icone americane della corsa all'Ovest.

La Ruby Citrus Fruit di Tavares rompe qui gli schemi e si affida a una figura femminile, peraltro molto castigata. Per l'America puritana di quegli anni un'immagine troppo sexy era impossibile, tanto più che il restrittivo codice Hays per il cinema si estendeva anche alle forme di *advertising*. (Un esempio illuminante del codice riguardava i baci: si potevano mostrare solo quelli dati 'in verticale' e non quelli dati 'in orizzontale'). Risultato: la figura femminile di questa etichetta è quella classica della casalinga felice.

L'azienda prende il nome dalla Ruby, varietà di arancia rossa di origine siciliana (Tarocco, Moro, Sanguinello) che cresce solo dove si trovano sensibili sbalzi termici ed è relativamente rara in Florida. Una piccola gemma della piccola Tavares, che all'epoca del boom degli aranci contava solo un migliaio di abitanti.

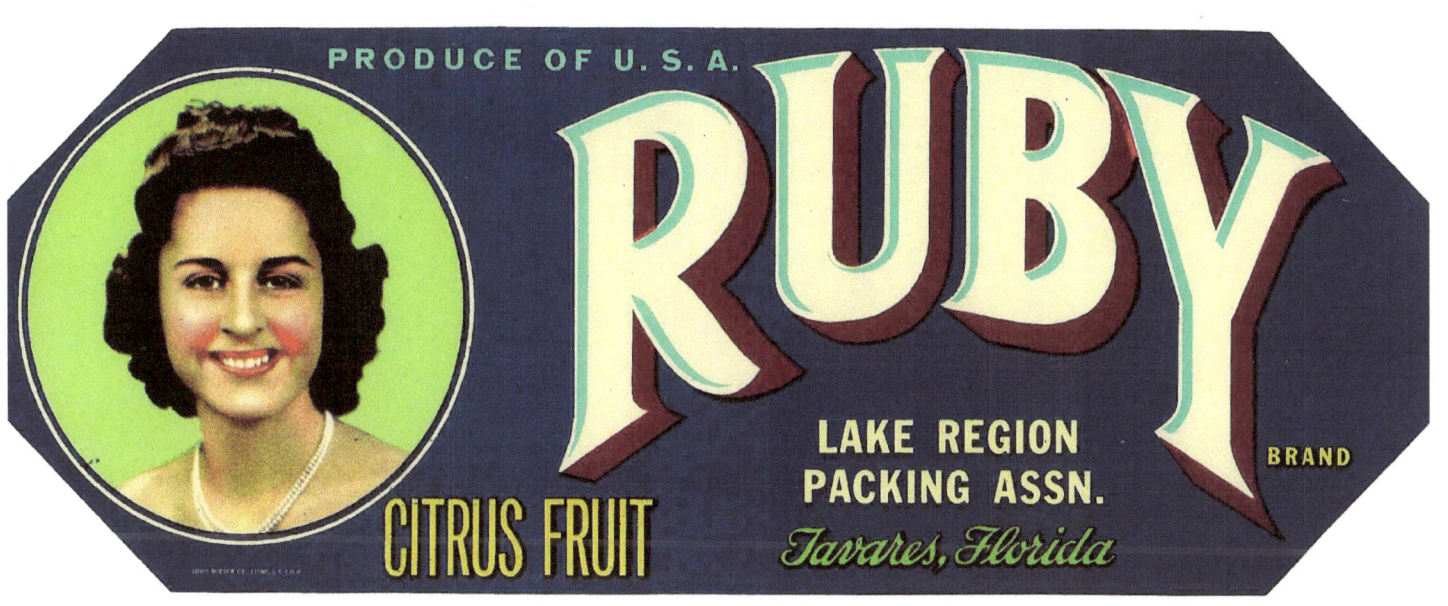

BACIO VERTICALE

Ed ecco servito un bacio in verticale, in piena ottemperanza al codice Hays. In aggiunta, due grandi cuore rossi a fare da sfondo. In primo piano un'arancia e un limone per ricordare che quanto a prima vista può sembrare l'etichetta di un disco *swing*, in realtà servirà per le cassette di frutta. E poi il nome "Dixie Delite", la scena del ballo, la donna che guarda in camera, l'abito di lei che occupa un quinto dello spazio.... cosa è questo se non cinema applicato al commercio di agrumi?

L'etichetta risale agli anni Venti-Trenta ed è opera della Chief Press di Apopka, Florida. Da segnalare i caratteri insoliti della scritta (erano normalmente preferiti quelli più squadrati) che verranno ripresi solo molto tempo dopo, nei primi anni Sessanta.

Dixie DELITE

FLORIDA CITRUS FRUITS

MARION COUNTY CITRUS CO.

WEIRSDALE • FLORIDA

UN LEGGENDARIO SBUCCIATORE

I mandarini (Tangerines) sono stati per la Florida una produzione di nicchia ed in questa etichetta prodotto e nome sono in maggiore evidenza rispetto alla società di distribuzione. Si tratta di spingere un agrume meno conosciuto rispetto ad arance, pompelmi e limoni.

Per il resto, esaurito il suo compito principale, l'etichetta, realizzata in Florida Browers Press di Tampa, risponde ai soliti canoni classici. Non manca lo scorcio naturalistico delle zone umide in una scena idilliaca che, a dispetto del *brand* "luna piena", mostra invece un grande sole al tramonto con in primo piano un airone.

Situata nel centro della Florida, la Lake County è stata per anni uno dei principali centri della produzione di frutta, soprattutto a Groveland, strategicamente situata all'intersezione tra la State 19 a la State 33/50. La cittadina ebbe il suo momento di maggior attività all'inizio degli anni Cinquanta. C'era lavoro per tutti anche se le paghe erano molto basse: un impacchettatore di agrumi veniva assunto a 65 centesimi all'ora. Per il folklore, si ricordano le "gare di sbucciatura" e gli eroi del tempo. Tra questi un certo Joe Tootle che riuscì a sbucciare in otto ore più di 10mila pompelmi.

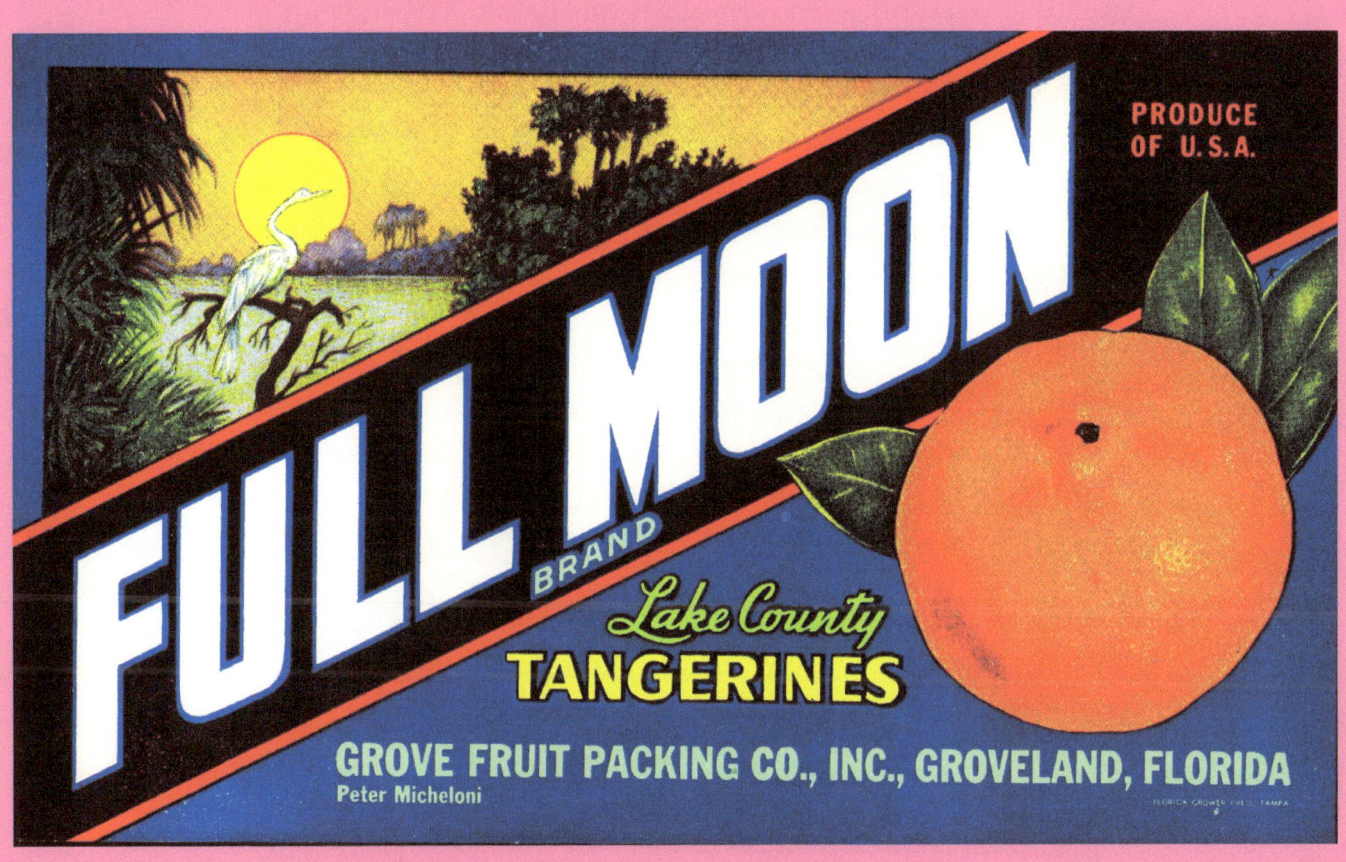

CRONACA NERA ALL'OMBRA DEI FRUTTETI

Questa che sembra un'"etichetta fotocopia" rispetto alla pagina precedente, in realtà racconta una storia diversa. Il prodotto è differente (in questo caso un pompelmo), ma soprattutto diversa per qualità e intenti è la scena naturalistica. Qui è più "piatta" sotto la luce del giorno, in un'immagine costiera di lago più che di palude e senza la presenza di animali. Lo scenario è semplice riempitivo della classica ripartizione a tre: natura / *brand* / distributore.

Groveland fu anche al centro nel 1949 di una oscura vicenda che avrebbe ispirato molta letteratura e che è passata alle cronache come il "Groveland case". Due neri accusati di stupro di una ragazza bianca, ma innocenti, furono uccisi dallo sceriffo mentre erano sotto la sua custodia. Harry T. Moore, attivista per i diritti civili che accusò di questo duplice omicidio il rappresentante della legge, venne a sua volta ucciso con la moglie in un attentato quasi certamente organizzato dal locale Ku Klux Klan. L'FBI non venne a capo di nulla e per quella brutta vicenda non vi furono colpevoli.

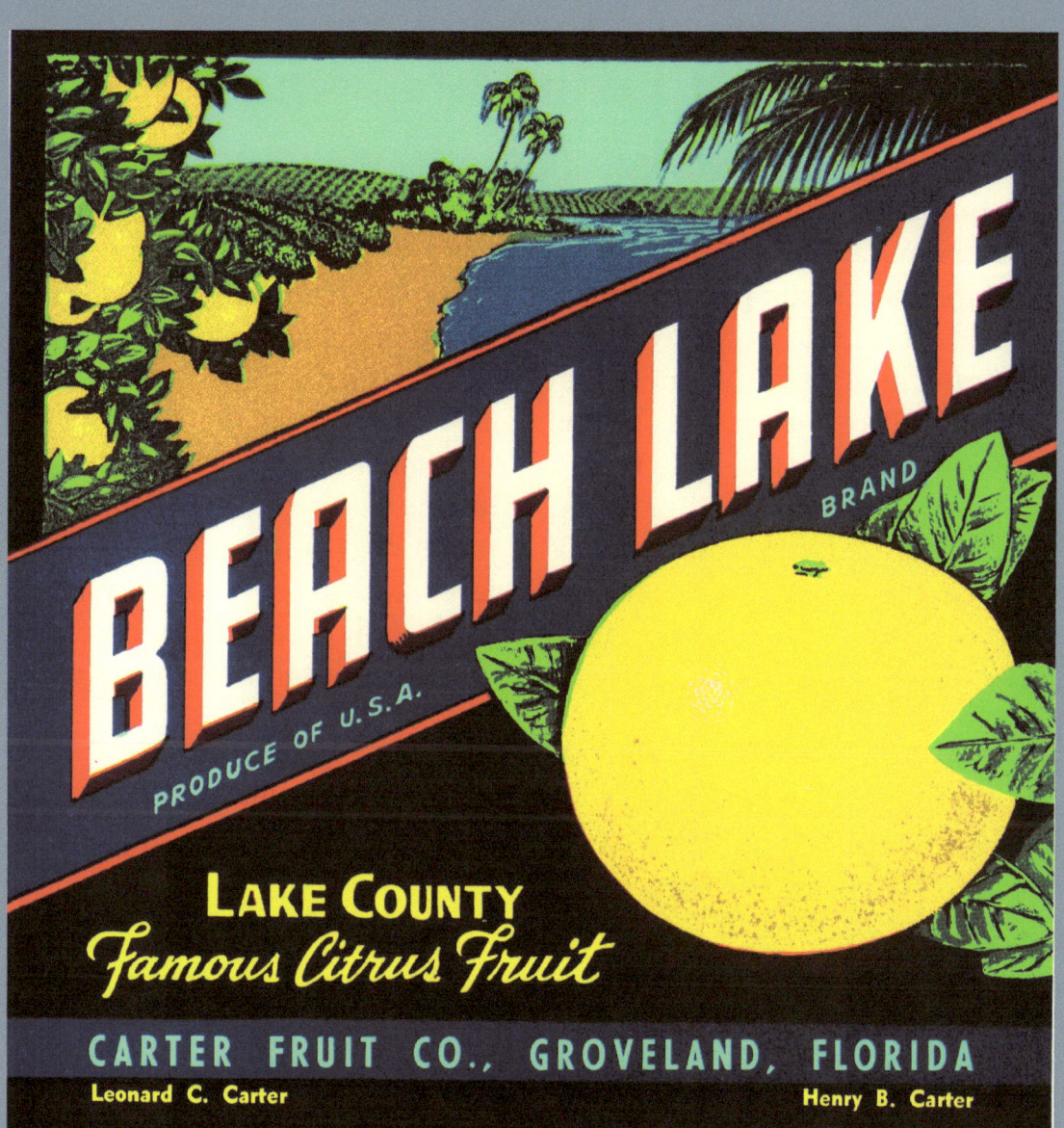

DIO SALVI IL PRINCIPE

I produttori di Lake Wales (Galles), che si trova al centro della contea di Polk, che a sua volta è al centro della Florida, pensarono anni fa di sfruttare il nome "nobile" della loro cittadina per dare smalto alla produzione locale di frutta con un marchio *ad hoc*. Ecco allora nascere il Prince of Wales (Principe di Galles) *brand* anche se i due mondi, quello della corona inglese e quello dei frutticoltori americani non sono proprio contigui. Non contenti poi, i membri della Lake Wales Association decisero di puntare su un'etichetta che rappresentasse un *unicum* nel panorama delle *crate labels* americane. Vi è raffigurato infatti un nobile in costume inglese (ma potrebbe essere anche francese o di qualsiasi altro paese europeo) in un palazzo con un tendaggio barocco e con dubbie linee di prospettiva, in una posa non proprio da *macho*.

Insomma, se intendeva colpire con un'immagine a effetto, la Lake Wales Association ci è riuscita in pieno. Dalla corona inglese, ovviamente, "no comment".

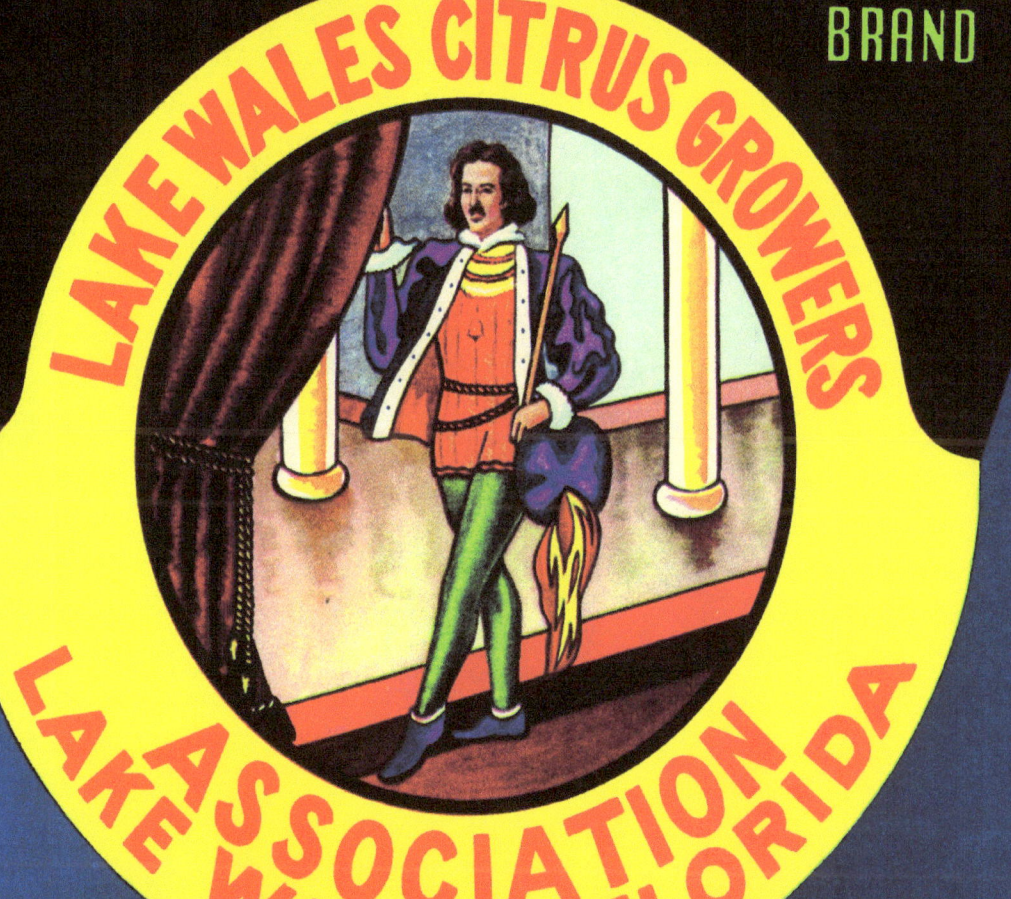

NELLA VECCHIA FERROVIA

Questa etichetta ci racconta la singolare storia del matrimonio tra un frutto e una ferrovia. Siamo a Pekin, Indiana, nella cosiddetta *Corn Belt*, la "cintura del mais" oggi convertita in gran parte alla soia. Qui verso la metà del Novecento si producevano lamponi e fragole di buona qualità che faticavano tuttavia a trovare buoni mercati. Poiché si trovavano fuori dalle principali linee dei commerci di frutta, in particolare quelle collegate a California e Florida, i produttori potenziarono una piccola ferrovia locale, la Monon Railroad, operativa fin dal 1897.

I coltivatori locali della Borden Pekin Fruit Growers' Association portavano i loro lamponi alla stazione della Monon per essere caricati sui carri frigoriferi diretti a Chicago, principale centro di vendita. I treni passeggeri effettuavano lunghe soste, tra la tarda primavera e l'estate, perché dovevano essere agganciati da sei a otto vagoni ogni volta.

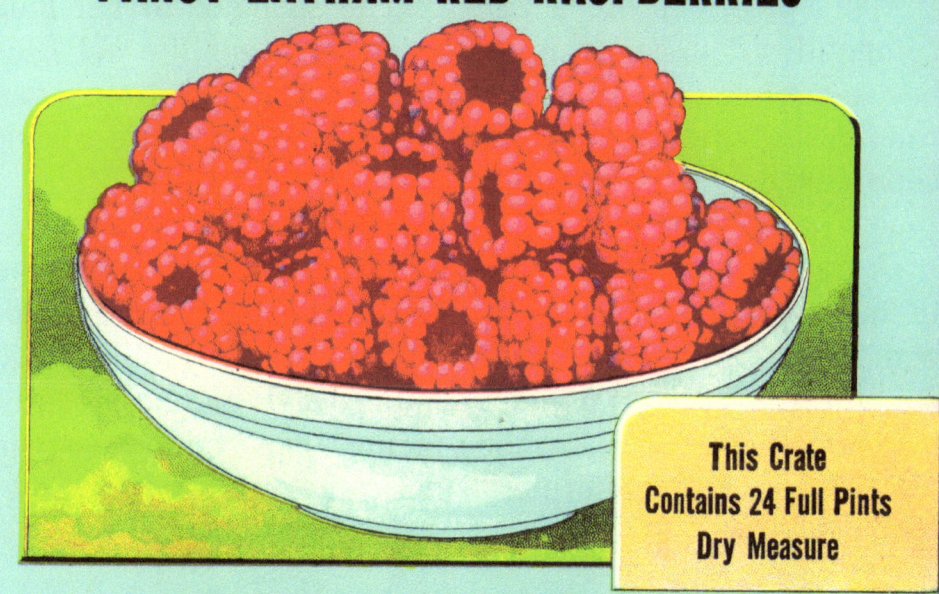

FRAGOLE E BASEBALL

Un'altra comunità servita dalla Monon Railway era quella dei produttori di fragole, tanto potenti da identificare il paese... e le locali squadre sportive della High School. Nel 1934 gli atleti, compresi quelli del football erano chiamati i "Borden Berries", le "fragole di Borden". Per anni quel nome, del tutto coerente con l'attività principale della zona, ma forse inadatto nel mondo competitivo dello sport, non era gradito da molti e nel 1966 si decise per qualcosa di più *macho*. Le fragole di Borden diventarono così i "coraggiosi di Borden" (*Borden Braves*) e così sono conosciuti oggi.

Le fragole continuano ad essere coltivate in Indiana, anche se in un'area più ristretta, soprattutto nella zona di Starlight, dove ogni anno si svolge un Festival delle Fragole. Da un punto di vista grafico, l'etichetta è molto semplice e si limita a mostrare il prodotto. Niente scene esotiche, niente soli al tramonto o piantagioni di Florida e California: l'America puritana dell'interno qui detta legge.

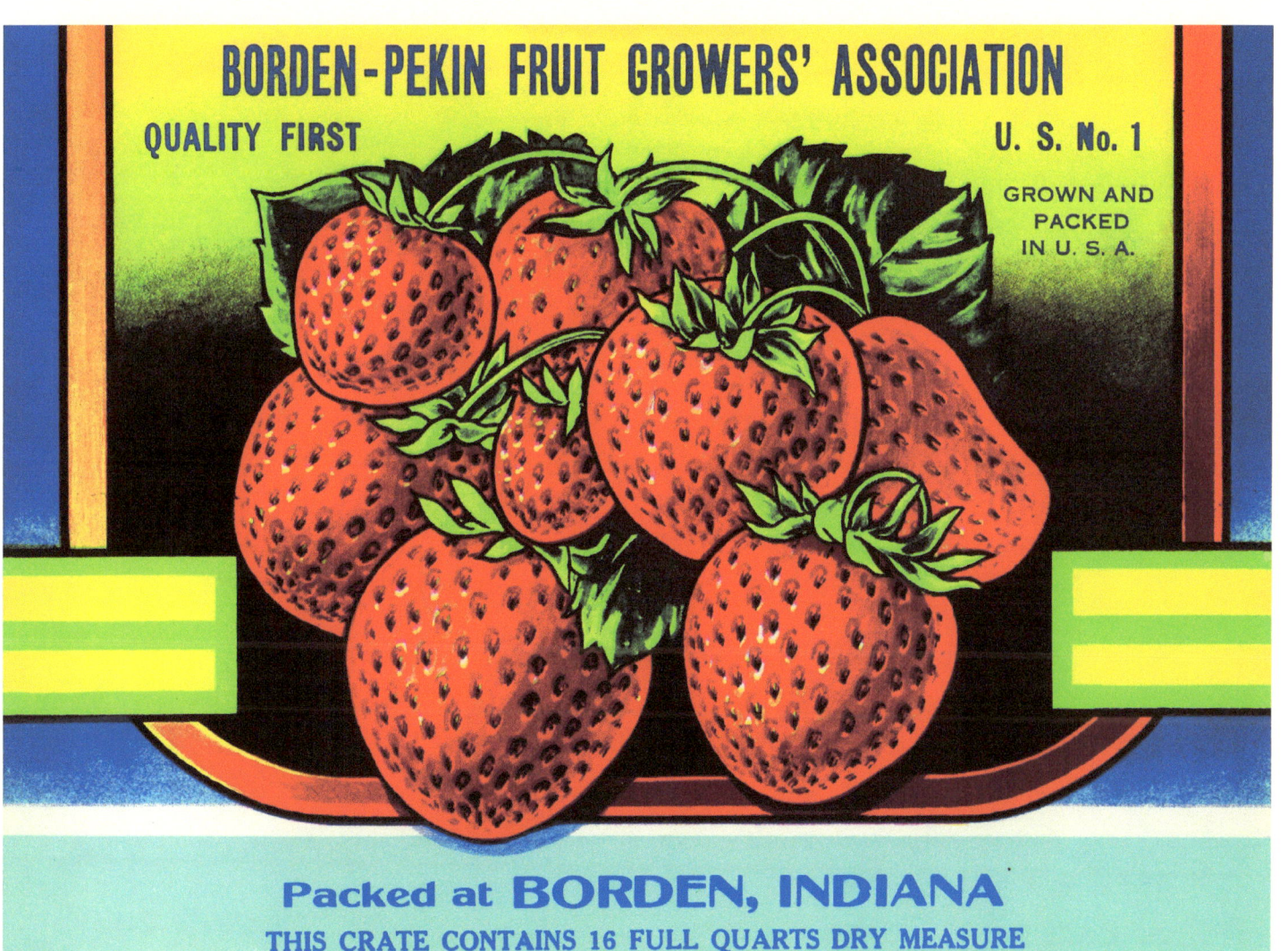

L'OCA DELL'UNIONE

Questa immagine pressoché sconosciuta nel resto del mondo era invece comunissima in tutti gli Stati Uniti dagli anni Venti fino alla seconda metà del secolo scorso. E' l'oca blu del marchio "Blue Goose", all'inizio usata da decine di produttori della West Coast e poi diffusasi in tutti gli Stati. Ecco perché è possibile trovare oche blu anche nelle zone meno agricole dell'Est o del Sud del paese.

Come in questo caso, in cui la Blue Goose identifica una cooperativa di frutticoltori della West Virginia di Shepherdstown (a poca distanza da Washington e da Baltimora), che si servono di un distributore del Maryland. Siamo nel mondo *yankee*, poco votato alle coltivazioni, che tuttavia con questo marchio (qui destinato a una cassetta di mele della Rumsey) si mescola con i grandi produttori dell'Ovest. Da segnalare, a titolo di curiosità, l'insolita barchetta a vapore del disegno, che in qualche modo identifica il Sud e la navigazione sui grandi fiumi.

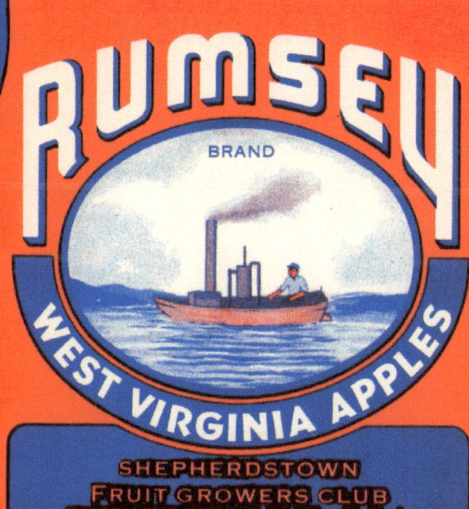

UNA VOCAZIONE ANTICA

Di chiara ispirazione californiana, questa etichetta per mele e pesche arriva dalla Pennsylvania e precisamente dai frutteti di Dryville, poco distante da New York. Dryville non è neppure un villaggio, ma solo un'area creata dal Census Bureau degli Stati Uniti per scopi statistici. Una comunità allargata nella vita reale, una convenzione per la burocrazia.

La Stony Ridge Orchard vanta ancor oggi sistemi di coltivazione avanzati. Lo scopo è piantare meno alberi per ettaro rispetto alla media nazionale, per poter garantire una qualità maggiore e una cura più attenta dei prodotti. La storia delle pesche in Pennsylvania è molto antica: una mappa del 1896 rivela che tutta l'area di sud est, un terzo dell'intero territorio dello stato, era destinata a questa produzione, con circa 2 milioni di peschi.

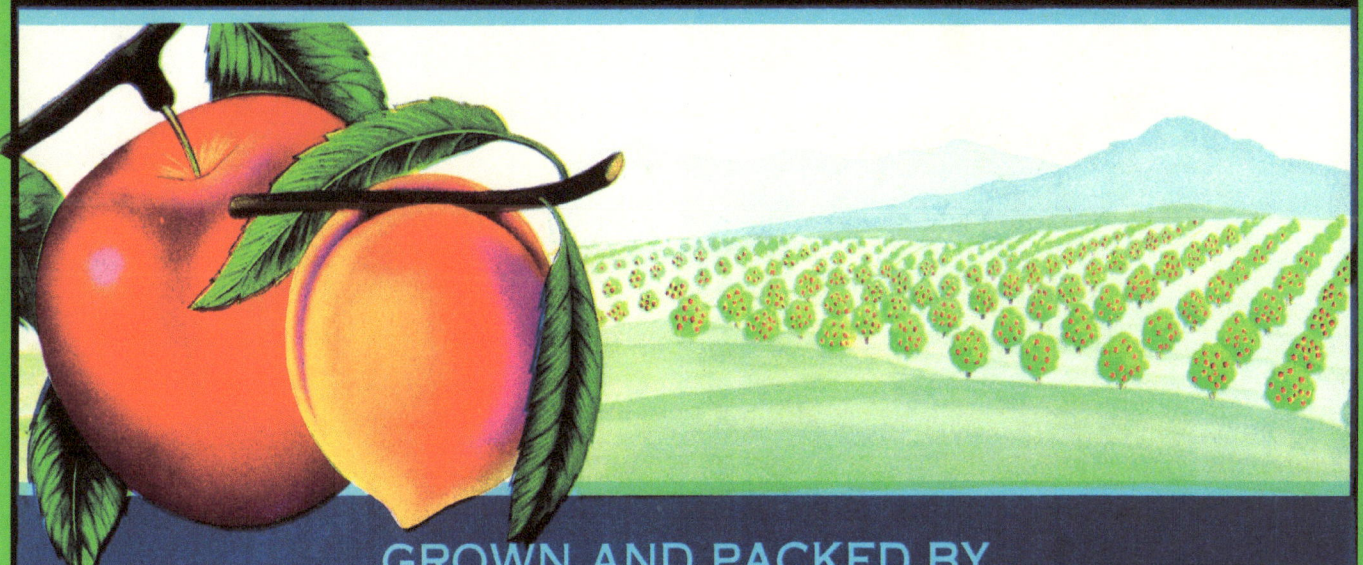

INFLUENZA CUBANA

"La signora in rosso" è il titolo di un film di grande successo e di enormi incassi per il cinema di Hollywood. Ma per i collezionisti di etichette, la "signora in rosso" per eccellenza è questa famosa *label* risalente a poco prima della Seconda Guerra Mondiale, *brand* della Florida Citrus di Apopka. La donna ha fattezze chiaramente spagnole, forse per influenza della vicina Cuba.

Le dimensioni ridotte dell'etichetta, pur essendo destinata alle cassette di agrumi e il volto di donna ritratto, non propriamente americano ma con un tocco di esotismo (finora lasciato solo ai paesaggi), fanno di questa etichetta un *unicum* per gli appassionati.

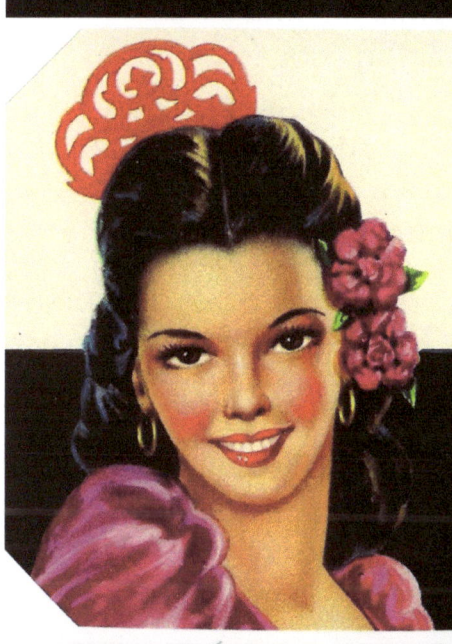

DALLE PATATE AGLI ARANCI

Le etichette con i bambini appartengono alla terza generazione delle *crate labels*. Lo scopo principale non è più quello di mostrare le meraviglie dei frutteti di California o Florida, né quello di affermare un *brand* come una garanzia di qualità. Qui l'obiettivo è presentare i propri prodotti come sicuri, da dare tranquillamente ai bambini che ne sono felici come quello qui raffigurato. In questo caso addirittura non è specificato neppure il prodotto, ma l'espressione del volto e il *claim* "Our Best" sono più che sufficienti, almeno secondo il produttore.

La Hallee Boy Sales operava a Apopka, vecchio villaggio fondato dagli indiani Seminole agli inizi dell'Ottocento, il cui nome viene da Aha (patata) e papka (luogo dove si mangia). In pratica: dove si mangiano le patate. Poi l'area si è riconvertita alla frutta. Oggi è il paradiso dei ciclisti che percorrono il West Orange Trail.

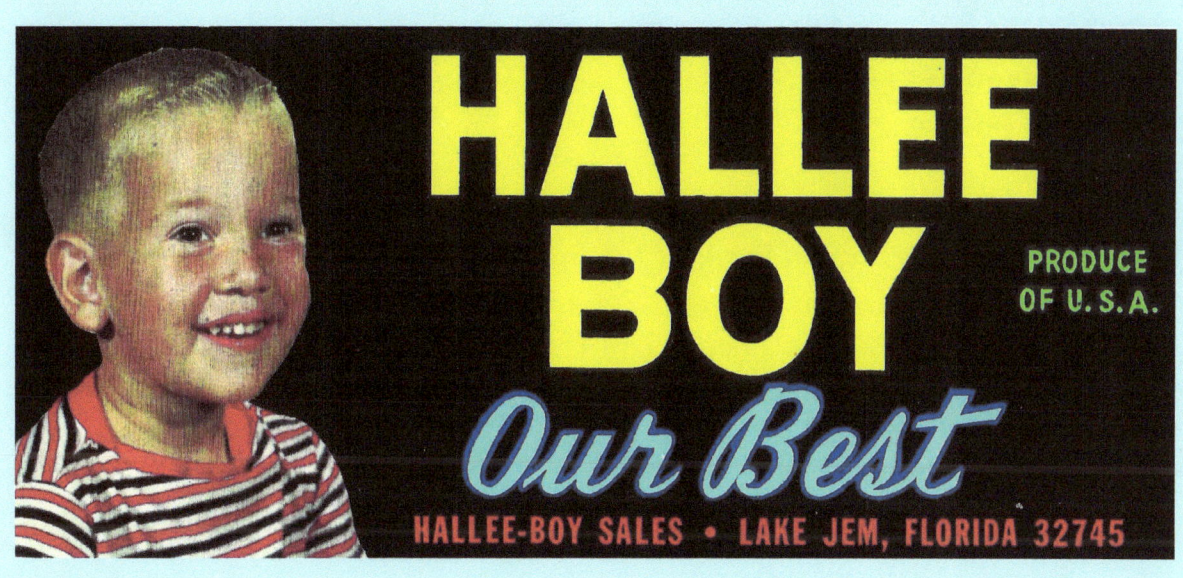

BAMBINI E COLTELLI

La scena è dinamica (relativamente rara nelle etichette) e i bambini non esprimono generica soddisfazione, ma sono impegnati a tagliare una gigantesca mela per poi poterla mangiare. L'immagine risale agli anni Quaranta, tempi che non conoscono ancora il *politically correct* e quindi i due minori possono tranquillamente essere raffigurati mentre usano un pericoloso coltello Bowie.

La grafica è della Stecher-Traung Lithography di San Francisco, specializzata nella realizzazione di etichette per diversi produttori/distributori di frutta. La sua specialità era mostrare donnine in pose per l'epoca più o meno provocanti e dunque l'impiego dei bambini è per la Cowiche Growers (ma qui siamo nello stato di Washington e non nella più libera California) una mezza rarità.

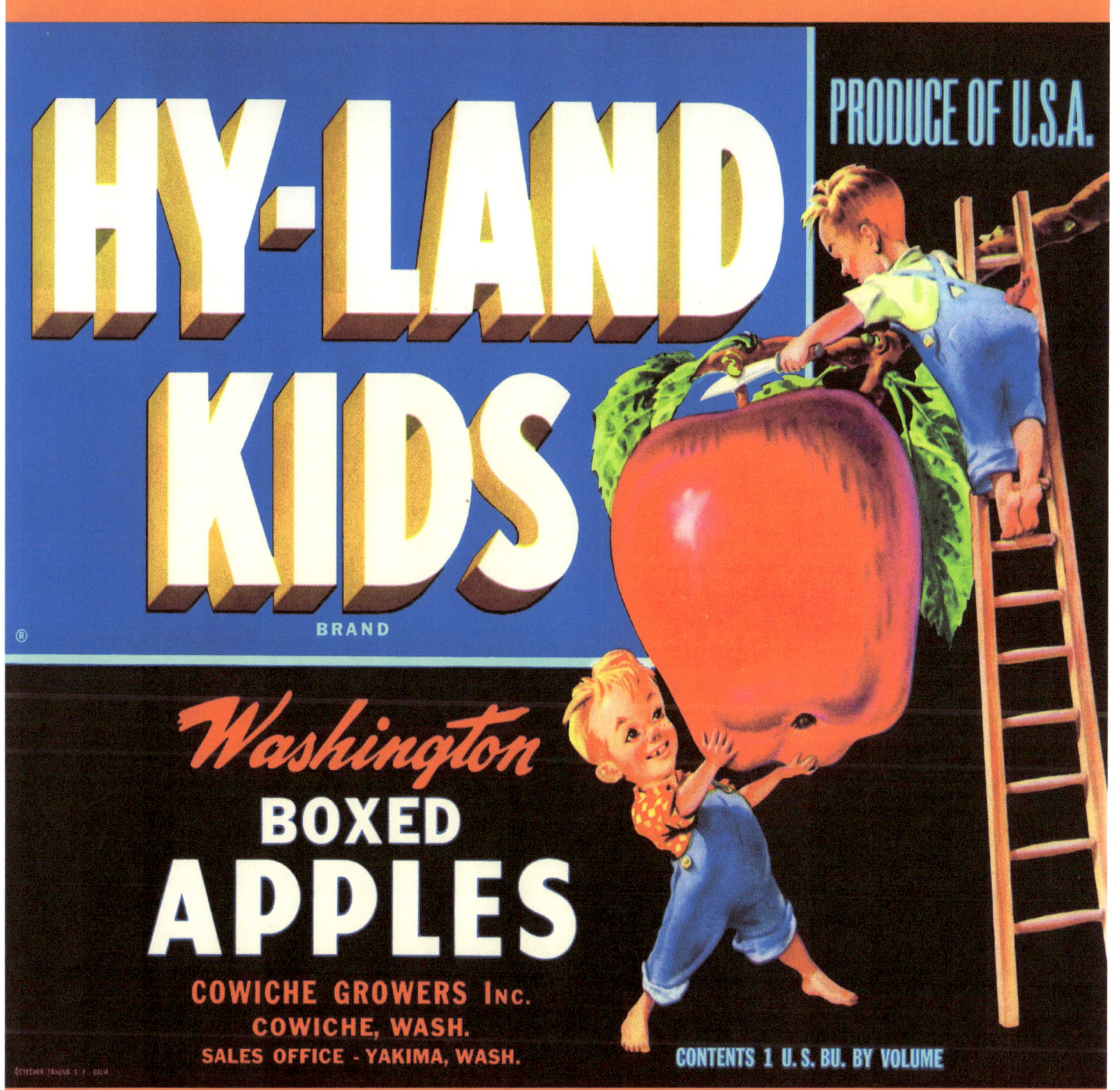

UNA CORSA ALL'ORO

Oggi McIntosh è una tranquilla cittadina residenziale della Florida, *buen retiro* di anziani, molto diversa da come appariva negli anni Quaranta e Cinquanta del secolo scorso, quando si trovò in pieno boom degli agrumi, favoriti nella crescita dal clima mite e dalla vicinanza del lago Orange. Allora la vita di McIntosh era frenetica, e la città il centro di tante attività collegate alla produzione: raccolta, confezionamento, spedizione. Tutto questo portò con sé, un po' come era accaduto nel lontano Ovest decenni prima, negozi, banche, ristoranti, bar, insomma tutto quanto era necessario per soddisfare i bisogni di una comunità in crescita. Una piccola corsa all'oro, in questo caso arance.

O. D. "Buddy" Huff, Jr., che compare sull'etichetta fu tra i personaggi di spicco di quella comunità in crescita. Possedeva vasti agrumeti e impianti di confezionamento che davano lavoro a decine di persone. L'attività commerciale era anche favorita dalla presenza della ferrovia che garantiva una veloce distribuzione delle merci.

L'immagine idilliaca era destinata a cambiare nelle giornate più fredde dell'inverno. Allora l'intera area era punteggiata da fuochi e coperta di fumo: erano gli *smudge pots*, piccoli "camini" che venivano sistemati tra gli alberi. In aggiunta al calore, il fumo che si addensava nell'aria creava una specie di coperta protettiva dal freddo.

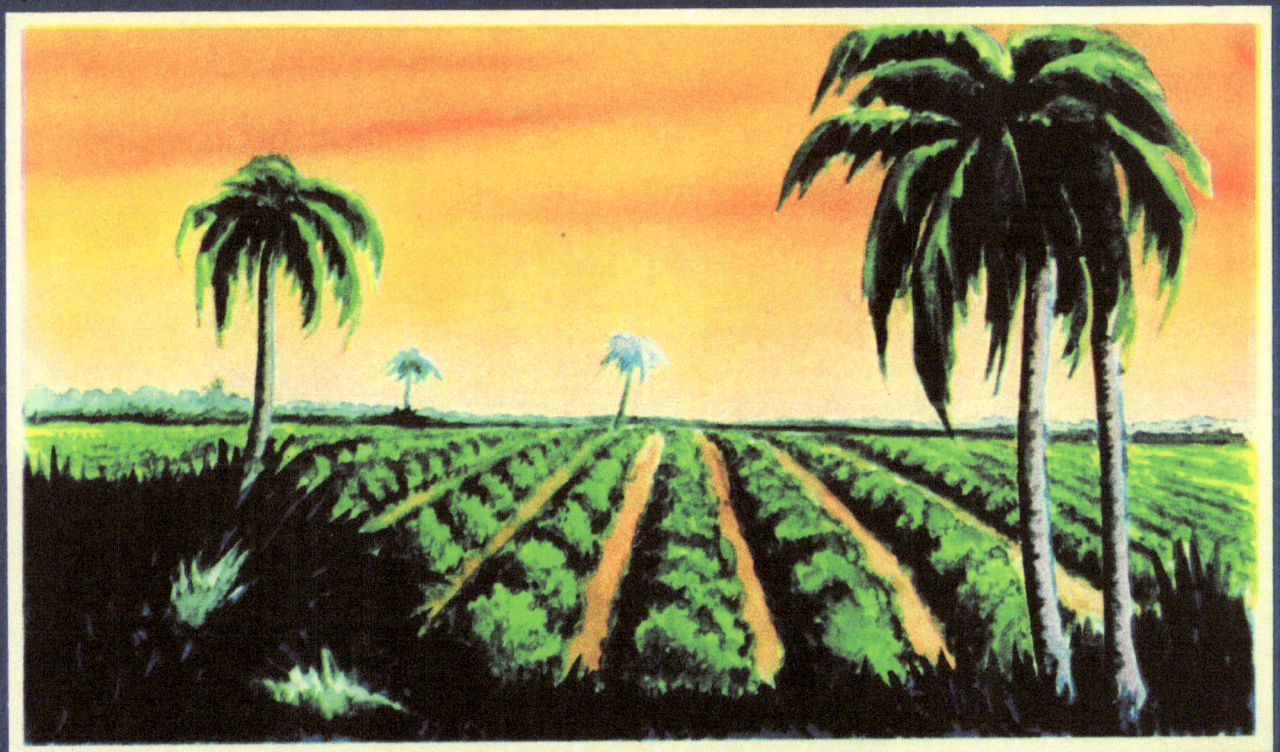

UVA VECCHIA, VINO GIOVANE

La forma di questa etichetta indica a quale prodotto era destinata: uva. E uva vuol dire essenzialmente California. Il vino di questo stato è oggi famoso in tutto il mondo, ma si tratta di un prodotto relativamente recente, dell'ultimo quarto del Novecento. L'uva da tavola, invece, qui veniva coltivata da molto prima, fin dalla fine dell'Ottocento e per decenni è stata un'attività di punta della locale agricoltura. Veniva commercializzata nelle classiche "lug boxes", cassette dalla forma allungata, identificate da etichette 30 x 10, spesso riccamente ornate. In questa, M.D. Hopper di Fresno promuove la sua qualità pregiata. L'immagine usata è quella dei garofani (*carnations*) per il nome del *brand*, ma quel che conta è la dovizia di particolari. Mentre in gran parte delle etichette di frutta ci si limita al marchio e al produttore, qui viene citata non solo la varietà (Malaga grapes), ma anche la vigna (Lucerne Vineyard).

REGINA E IMPERATRICE

La varietà di uva Emperor è tuttora fra le più diffuse in tutta la California e determina l'immagine di questa etichetta risalente agli anni Trenta, ma di ispirazione inizio Novecento: una "imperatrice" (vagamente ricorda i reali europei) con la scritta "Valley Queen". Come per le altre etichette dell'uva, il messaggio intende promuovere un prodotto sofisticato e di alta qualità. La C.D. Pruner & Son (un altro caso di attività familiare trasmessa tra generazioni) era fra le maggiori ditte di Exeter, nella fertilissima san Joaquim Valley. La cittadina dal 1931 ospita l'"Emeperor Grape Festival" (oggi Exeter Fall Festival). Le coltivazioni di uva e tutte le attività, dalle vendemmia al trasporto, sono tuttora ricordate in una serie di bellissimi murales nel centro della città.

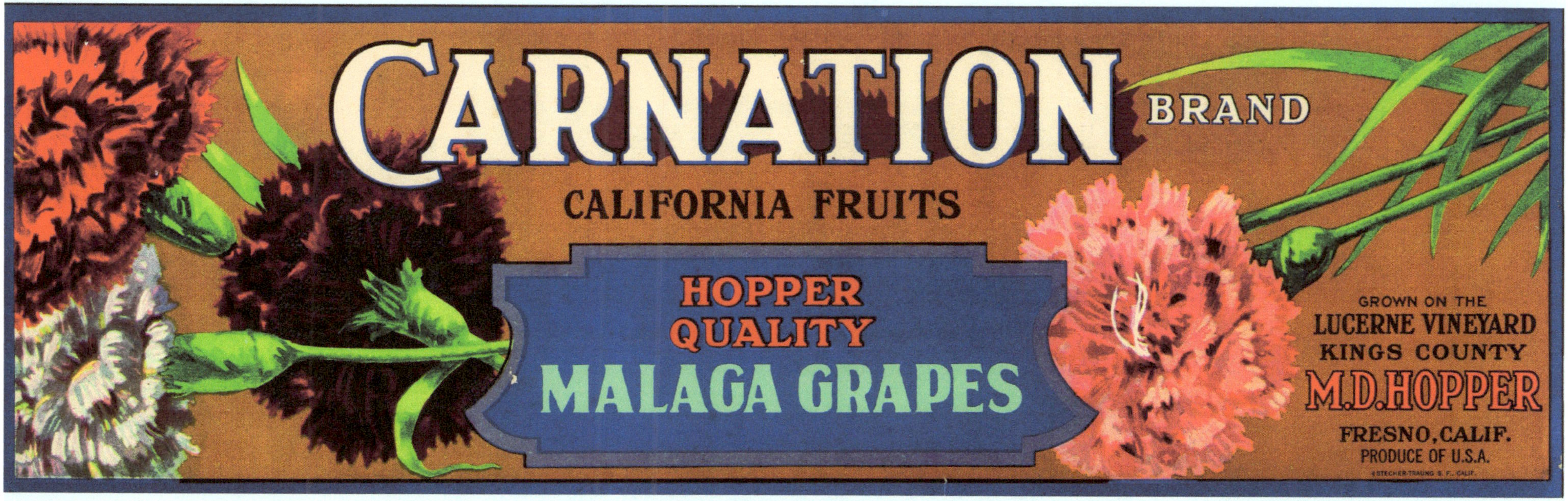

CARNATION BRAND

CALIFORNIA FRUITS

HOPPER QUALITY MALAGA GRAPES

GROWN ON THE LUCERNE VINEYARD
KINGS COUNTY
M. D. HOPPER
FRESNO, CALIF.
PRODUCE OF U.S.A.

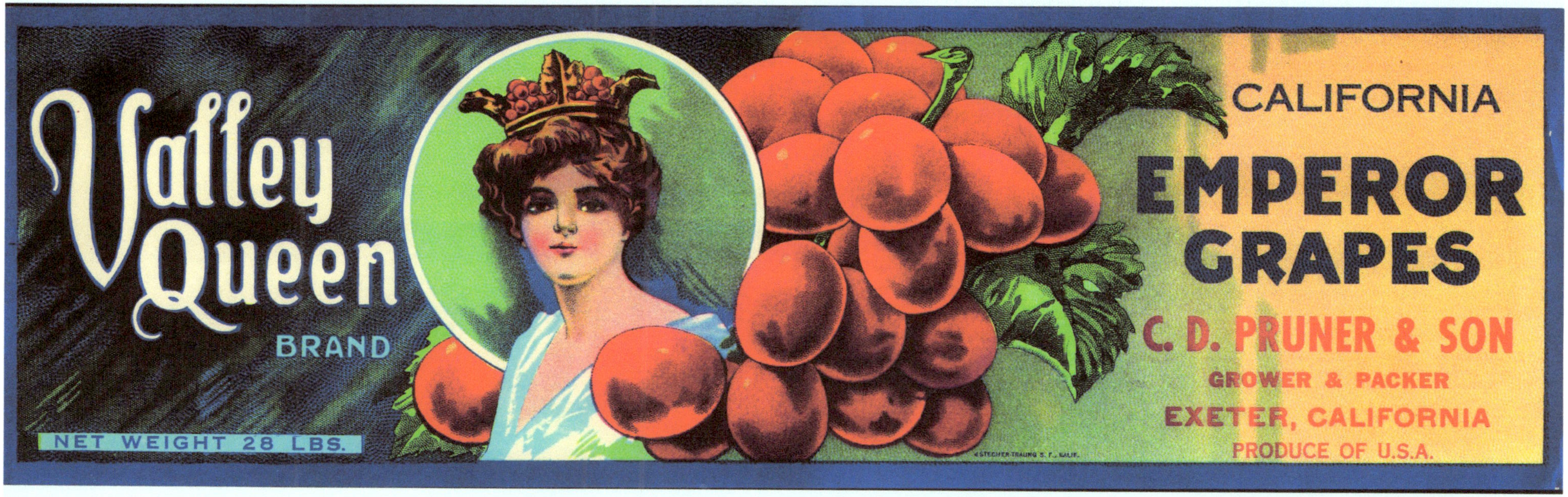

CALIFORNIA EMPEROR GRAPES

C. D. PRUNER & SON
GROWER & PACKER
EXETER, CALIFORNIA
PRODUCE OF U.S.A.

Valley Queen BRAND

NET WEIGHT 28 LBS.

MISSIONE QUALITA'

Un'altra etichetta per le cassette di uva, che di norma contenevano 12 chili di prodotto ed erano basse per non rovinare i grappoli. La Redbanks Fruit Co., del consorzio Sunkist in questo caso si limita a un generico "uva da tavola" non avendo una particolare varietà pregiata da pubblicizzare. Interessanti sono tuttavia il nome e il disegno. Il riferimento alla Old Mission riguarda la storia più antica della California che all'origine, molto prima del cinema e della tecnologia, ma anche di vigne e agrumeti, era una terra solitaria punteggiata qua e là solo dalle missioni spagnole salite a nord dal Messico.

Come nella vecchia Europa, anche qui il lavoro dei conventi e le conoscenze agricole dei monaci richiamano immediatamente prodotti di qualità ottenuti con cura e pazienza. Riferimenti alle *Missions* sono frequentissimi nella commercializzazione della frutta californiana.

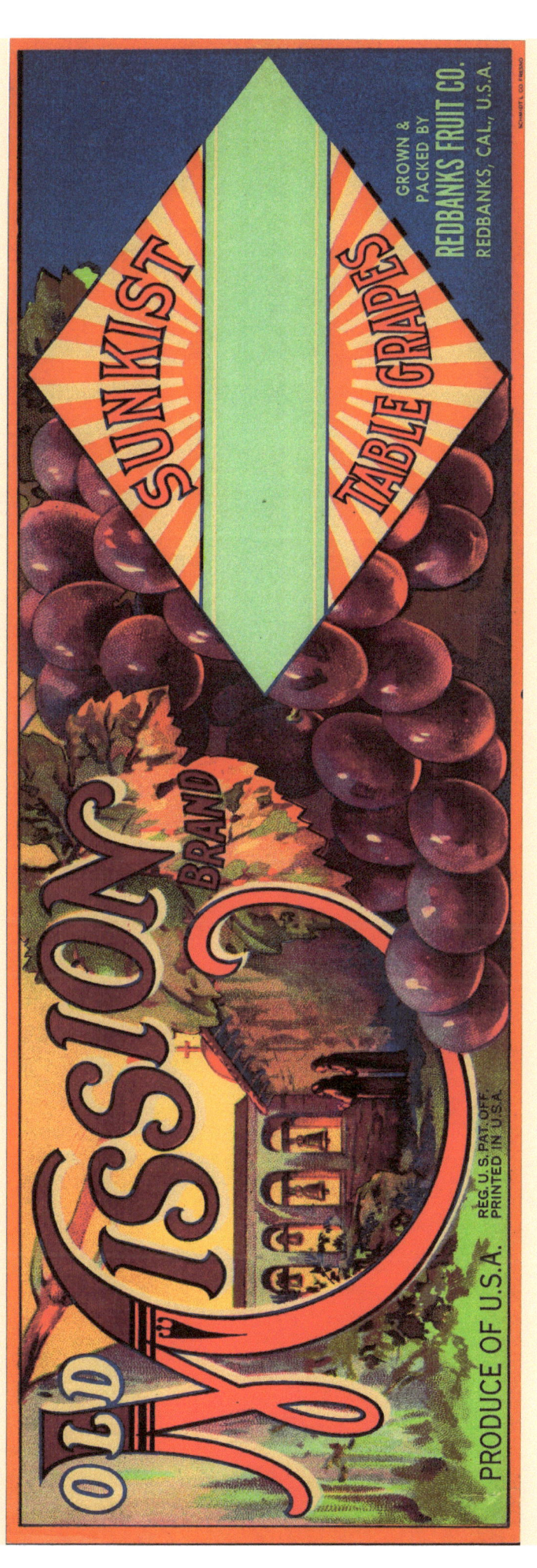

Le etichette di questo libro
appartengono alla collezione privata
di Umberto Buttafava.

© 2018